AF453225

Louis Crespel.
presentement
marchand en
Bijouterie a
Leipsig et Francfort

VOYAGES

DU

R. P. EMANUEL CRESPEL,

DANS

LE CANADA

ET

SON NAUFRAGE

EN REVENANT EN FRANCE.

Mis au jour

PAR

LE Sr. LOUIS CRESPEL

son Frére.

A FRANCFORT SUR LE MEYN,

Chez HENRY LOUIS BROENNER.

M D C C L I I.

PREFACE

DE

L'EDITEUR.

CEt Ouvrage n'auroit pas affûrément befoin de Préface,
fi fon Auteur l'avoit deftiné
à être publié ; mais fon but en l'écrivant n'aïant été que de fatisfaire ma
curiofité, je ne fçaurois me difpen-
fer d'apprendre au Lecteur les raifons qui m'ont engagé à le mettre au
jour.

PREFACE

J'avois communiqué le Manuſcrit à pluſieurs Perſonnes que leur goût & leur eſprit diſtinguent encore plus que leur rang & leur naiſſance : Elles m'ont toutes conſeillé de le mettre ſous preſſe, & m'ont aſſûré que le Public me ſçauroit gré de lui en faire part. L'amitié que j'ai pour mon Frére, & l'envie de procurer au Public quel-qu'amuſement, m'ont perſuadé que je devois ſuivre le conſeil que l'on me donnoit : je ſouhaite que ma facilité à m'y rendre ne ſoit pas traitée de ſotti-ſe ou d'aveuglement. En tout cas les motifs qui m'ont animé ſont loüables, & je ſuis ſûr de trouver grace auprès de ceux qui ne cherchent pas à rèpen-dre du ridicule ſur les intentions des hommes.

Je crois encore devoir dire com-ment & à quelle occaſion ces Lettres m'ont été écrites; cela ſervira d'excuſe au Pére Creſpel mon Frére, ſi ſon ſti-le ſemble mériter quelque cenſure, & ſi l'on trouve qu'il n'eſt pas entré dans un aſſez grand détail.

Je

DE L'EDITEUR.

Je le preſſois depuis longtems de me faire part de ce qui lui étoit arrivé dans ſes Voïages, il réſiſta pendant pluſieurs mois ; mais laſſé ſans doute de mes inſtances trop ſouvent réïtérées, il me fit tenir par un de mes Fréres qui eſt actuellement en Moſcovie, une Relation que je trouvai trop ſuccinte. Je me plaignis de ſa pareſſe qui ne m'avoit dreſſé qu'un Journal, je lui damandai quelquechoſe de plus circonſtancié, & pour l'engager à ne pas me refuſer, je lui marquai, comme il eſt vrai, que beaucoup de Perſonnes aux quelles j'avois lû ſa Lettre regrettoient qu'il l'eût faite ſi courte, & qu'elles m'avoient chargé de le prier de leur part de m'envoïer une Relation plus détaillée de ſes Voïages dans le Nouveau-Monde, & de ſon Naufrage en revenant en France ; il eut égard à ma demande, & m'écrivit pendant ſon ſéjour à Paderborn les Lettres que je donne au Public.

On

PREFACE

On feroit tort à la façon de penſer de mon Frére, ſi on le ſupçonnoit d'avoir rien exagéré dans le cours de ſa Relation. Ceux dont il a l'honneur d'être connu, ſçavent qu'il eſt plus que perſonne ami de la vérité, & qu'il mourroit plutot que de la déguiſer. D'ailleurs le Caractere dont il eſt revêtu ne ſuppoſe guéres un impoſteur, & je puis dire que mon Frére ne s'en eſt jamais rendu indigne. Enfin il eut encore aujourd'hui pluſieurs Compagnons de ſes Courſes & de ſon Naufrage; un honnête homme voudroit-il s'expoſer à ſe voir démentir par quelqu'un qui a eſſüié les mêmes fatigues & courru les mêmes dangers? C'eſt tout ce que pourroit faire une Perſonne intèreſſée à en impoſer, encore ne s'y expoſeroit-elle qu'en tremblant, & dans un païs éloigné de ceux qui pourroient lui prouver ſa fourberie.

Lorſque j'ai eû le plaiſir de voir mon Frére dans cette ville, au paſſage de l'Armée de France commandée

par

DE L'EDITEUR.

par Monsieur le Maréchal de *Maillebois*, je n'ai pas eû peu de peine à obtenir de lui la permission de publier ses Lettres ; elles n'étoient écrites que pour moi, & l'on sçait qu'entre Fréres on n'y cherche point tant de façons. Ma proposition l'a d'abord révolté: Tous les hommes ont leur portion d'amour propre; ils n'aiment point à parler devant tout le monde comme ils parlent à leurs amis: la crainte de trouver des Critiques, les fait travailler avec beaucoup plus de soin les ouvrages qu'ils destinent au Public, & c'est se rendre criminel envers eux que d'exposer au grand jour ce qu'ils n'ont. fait que pour être vû dans le particulier.

Mon Frére s'est pourtant laissé vaincre, je lui ai fait sentir qu'un homme de son état devoit se dépoüiller de tout amour propre, & je lui ai promis en même tems que je ferois part au Public de sa répugnance à lui offrir un Ouvrage

qui

PREFACE de L'EDITEUR.

qui ne lui paroît pas digne de lui. Il me permit donc de publier sa Relation après que je lui eu donné parole que je n'y ajoûterois, ou n'en retrancherois aucune circonstance. J'étois bien éloigné de penser autrement ; ainsi l'on peut compter que tout ce qu'on va lire est conforme à la plus exacte vérité.

VOYA-

VOYAGES
ET
NAUFRAGE
DU R. P. CRESPEL.

****

Lettre prémière.

MON TRES CHER FRERE.

IL y avoit si long tems que vous me témoigniez avoir envie d'apprendre le détail du Voïage que j'ai fait en *Canada*, que craignant de vous donner lieu de supçonner mon amitié, si je continuois à me refuser à votre desir, j'ai chargé un de mes fréres de vous remettre une Relation de tout ce qui m'est arrivé. Vous me marquez l'avoir reçuë: & vous vous plaignez en même tems qu'elle est trop succin-

A

cinte, & que vous feriez bien aife de l'avoir plus détaillée. Je vous aime trop pour ne pas me faire un plaifir de vous contenter; mais je partagerai ma Relation en plufieurs Lettres; une feule feroit trop longue & vous ennuiëroit fans doute : l'efprit ne voit pas toujours comme le cœur. Je vous deviendrois peut-être à charge fi je vous parlois trop long tems d'autres chofes que de notre amitié.

Ne vous attendez pas à voir cette Relation foutenuë par l'élévation du ftile, la force des expreffions, & la variété des images; ces graces de l'efprit ne me font point naturelles : d'ailleurs elles ne conviennent guéres qu'aux fictions. La vérité n'a pas befoin d'ornemens pour être goûtée de ceux qui l'aiment fincèrement, on a même de la peine à la reconnoître quand elle eft offerte fous ces traits dont on a coutume de parer le faux pour lui donner quelque reffemblance avec elle.

Vous devez vous fouvenir que fur la fin de l'année 1723. j'étois encore à *Avesnes* en *Haynaut*; je reçus alors de
mes

mes Supérieurs la permission de passer dans le *Nouveau-Monde*; il y avoit long tems que je la sollicitois, & ç'auroit été me mortifier beaucoup que de me la refuser.

Je partis donc le vingt-cinq Janvier de l'année 1724; je passai par *Cambrai* où j'eûs le plaisir de vous embrasser, & lorsque je fus arrivé à *Paris* je pris une obédience du R. P. Julien Guesdron Provincial de *St. Denis* de qui dépendent les Missions de la *Nouvelle-France.*

Il seroit assez inutile de vous parler de *Paris*; Vous le connoissez mieux que moi, & vous sçavez par expérience qu'il mérite de toutes les façons d'être la prémière ville du Monde.

J'en partis le prémier de May pour me rendre à *la Rochelle* où j'arrivai le dix-huit du même mois: Je n'y fis pas un long séjour, car après m'y être pourvû de ce qui qui m'étoit nécessaire pour la traversée, je m'embarquai sur le vaisseau du Roi le *Chameau* commandé par Messieurs de Tylly & Meschain Lieutenans de vaisseaux.

Le vingt-quatre Juillet, jour que

nous mîmes à la voile , fut marqué par la mort de Monſieur Robert qui alloit être Intendant en *Canada :* c'étoit un fort galant homme, & qui paroiſ-ſoit avoir les qualités néceſſaires pour remplir dignement le poſte qui lui étoit confié.

Après deux mois & demi d'une navigation aſſez heureuſe, nous arri-vâmes devant *Québec.* J'y reſtai juſ-qu'en 1726, & n'y remarquai rien de plus particulier que ce qu'en diſent les Voïageurs, & que vous pouvez voir dans leurs Relations.

Le dix-ſept Mars de l'année de mon départ de *Québec*, Monſieur de la Croix de St. Vallier Evêque de cette ville me conféra la Prêtriſe, & me donna peu de tems après une Miſſion ou Cure appellée *Forel* & ſituée au ſud *du Fleuve St. Laurent*, entre les villes de *Trois-Riviéres* & de *Monréal.*

On me tira de ma Cure où j'avois déja demeuré deux ans, pour me faire Aumônier d'un parti de quatre cens François que Monſieur le Marquis de Beauharnois avoit joint à huit ou neuf

cent

cens Sauvages de toute forte de Na-
tions : Il y avoit furtout des *Iroquois*,
des *Hurons*, des *Népiffings*, & des *Outaoüacs*, auxquels Monfieur Péfet Prêtre, & le Pére de la Bertonnière Jé-
fuîte fervoient d'Aumôniers.   Ces
Trouppes commandées par Monfieur
de Lignerie avoient commiffion d'aller
détruire une Nation appellée *les Renards* dont la principale habitation eft
éloignée de *Monréal* d'environ quatre
cens cinquante lieuës.

Nous partîmes le cinq Juin 1728,
& montâmes près de cent cinquante
lieuës la grande Riviére qui porte le
nom des *Outaoüacs*, & qui eft remplie
de fauts & de portages. Nous la quit-
tâmes à *Mataoüan* pour prendre celle
qui conduit au Lac *Népiffing* ou *Mi-
piffing* ; fon cours eft de trente lieuës,
& fe trouve coupé de fauts & de portages comme celle des *Outaoüacs*.   De
cette Riviére nous entrâmes dans le
Lac dont la largeur eft d'environ huit
lieuës, & de ce Lac la *Riviére des François* nous conduifit bien vitte dans le
Lac *Huron* où elle fe jette après avoir

                     par-

parcouru plus de trente lieuës avec beaucoup de rapidité.

Comme il n'est pas possible que beaucoup de personnes aillent ensemble sur ces petites Riviéres, on étoit convenû que ceux qui passeroient les prémiers attendroient les autres à l'entrée *du Lac Huron* dans un endroit nommé *la Prairie*, & qui est en effet une très belle Prairie. C'est là que j'ai vû pour la prémière fois des Serpens à sonnettes dont la morsure est mortelle; lorsque j'aurai le plaisir de vous voir, je vous parlerai plus particulièrement de ces animaux, il suffit à présent de vous dire qu'aucun des Nôtres n'en fut incommodé.

Le vingt-six Juillet, nous fûmes tous réunis, je célébrai la Messe que j'avois différée jusqu'à ce tems, & le lendemain nous partîmes pour nous rendre à *Michillima* ou *Missillima Kinac* qui est un Poste situé entre *les Lac Huron* & *Méchigan*. Quoique nous eussions cent lieuës à faire, le Vent nous fut si favorable, que nous arrivâmes

en

en moïns de fix jours. On y refta quelque tems pour raccommoder ce qui avoit été endommagé dans les portages & dans les fauts, j'y bénis deux drapeaux, & y enterrai quelques Soldats que la fatigue ou la maladie nous avoit enlevés.

Le dix-Aoûft, nous partîmes de *Michillima-Kinac* & fûmes dans le Lac *Méchigan.* Le Vent qui nous y retint deux jours donna le tems à nos Sauvages d'aller à la chaffe, ils en rapportérent de l'*Orignac* & du *Caribouc*, & furent affez honnêtes pour nous en offrir une partie. Nous fîmes d'abord quelques façons, mais ils nous forcérent d'accepter leur Préfent, & nous dîrent que puifque nous avions partagé avec eux les fatigues de la route, il étoit jufte qu'ils partageaffent avec nous les foulagemens qu'ils y avoient trouvés, & qu'ils croiroient n'étre point hommes s'ils en ufoient autrement envers les autres hommes. Ce difcours qu'un des Nôtres me rendit en françois me toucha fenfiblement. Quelle humanité dans des Sauvages!

&

& combien ne ſe trouve-t'il pas d'hommes en *Europe* aux quels le titre de barbares conviendroit beaucoup mieux qu'aux Habitans de l'*Amérique*

La générofité de nos Sauvages leur mérita une vive réconnoiſſance de notre part ; il y avoit déja du tems que n'aïant point trouvé d'endroits propres à la chaſſe, nous avions été contraints de ne manger que du Lard: ce qu'ils nous donnérent d'*Orignac* & de *Caribouc* remédia au degoût que nous commencions d'avoir pour notre nourriture ordinaire.

Le quatorze du même mois, nous continuâmes notre route jusqu'au *Détour de Chicagou*, & de là en faiſant la traverſe du *Cap à la Mort* qui eſt de cinq lieuës, nous reçûmes un coup de vent qui pouſſa contre la Côte pluſieurs Canots qui ne pûrent doubler une Pointe pour ſe mettre à l'abri : ils furent briſés dans ce choc, & l'on fut obligé de diſperſer dans les autres les hommes qui par le plus grand bonheur du monde avoient tous échappés au danger.

Le

Le lendemain, nous traversâmes aux *Folles Avoisnes* afin d'en inviter les Habitans à venir s'opposer à notre descente; ils donnérent dans le panneau, & furent entiérement défaits.

Nous allâmes camper le jour suivant à l'entrée d'une Riviére nommée *la Gasparde*, nos Sauvages entrérent dans le Bois, & en rapportérent plusieurs Chevreüils; cette espéce de gibier est fort commune en cet endroit, aussi en fîmes-nous notre provision pour quelques jours.

Le dix-sept vers midi, nous fîmes halte jusqu'au soir, afin de n'arriver que la nuit au *Poste de la Baye*. Nous voulions surprendre les Ennemis que nous sçavions être chez les *Sequis* leurs Alliés dont le Village est auprès du *Fort St. François*. Nous nous mîmes en route dans l'obscurité, & arrivâmes à minuit à l'entrée de *la Riviére des Renards* où est bâti notre Fort. Aussitôt que nous y fûmes, Monsieur de Lignerie envoïa quelques François au Commandant pour sçavoir s'il y avoit en effet des Ennemis dans le vil-

A 5

lage

lage des *Saquis*, & aïant appris qu'il devoit y avoir, il fit paſſer de l'autre cotté de la Riviére tous les Sauvages avec
un détachement de François pour en-
vironner l'Habitation, & ordonna que
le reſte de nos Trouppes y entrât. Quelques précautions que l'on eût priſes
pour cacher notre arrivée, les Ennemis en eurent connoiſſance, & tous ſe
ſauvérent à l'exception de quatre dont
on fit préſent à nos Sauvages, les quels
après s'en être bien divertis, les tué-
rent à coups de fléches.

Je fus avec peine témoin de cet horrible ſpectacle, & je ne pouvois accorder avec la façon dont nos Sauvages
m'avoient parû penſer quelques jours
auparavant, le plaiſir qu'ils prenoient à
faire ſouffrir ces malheureux en les
faiſant paſſer par l'horreur de trente
morts avant de leur ôter la vie ; J'aurois
bien voulu leur demander s'ils n'apper-
cevoient pas comme moi cette oppoſi-
tion de ſentimens, & leur repréſenter
ce que je voïois de condamnable dans
leur procédé, mais ceux des Nôtres qui
pouvoient me ſervir d'Interprêtes
eto-

étoient de l'autre cotté de la Riviére, & je fus obligé de remettre à une autre fois à satisfaire ma curiosité.

Après ce petit coup de main, nous montâmes *la Riviére des Renards* qui est toute pleine de Rapides, & dont le cours est d'environ trente cinq à quarante lieuës. Les vingt-quatre Aoûst, nous arrivâmes au Village des *Puants*, bien disposés à détruire ce que nous y trouverions d'Habitans, mais leur fuite avoit prévenu notre arrivée, & nous ne pûmes que brûler leurs cabanes & ravager leur bled d'Inde qui leur sert de nourriture principale.

Nous traversâmes ensuite *le petit Lac des Renards* au bout duquel nous campâmes, & le lendemain jour de St. Louis, nous entrâmes après la Messe, dans une petite Riviére qui nous conduisit dans une espéce de Marais sur le bord duquel est située la grande Habitation de ceux que nous cherchions. Leurs Alliés les *Saquis* les avoient sans doute avertis de notre approche ; ils ne jugérent pas à propos de nous attendre, & nous ne trouvâmes dans leur Villa-

ge

ge que quelques Femmes que nos Sauvages firent esclaves, & un Vieillard
qu'ils brûlérent à petit feu sans paroître
avoir aucune répugnance à commettre
une action aussi barbare.

Cette cruauté me parut beaucoup
plus marquée que celle qu'ils avoient
exercée contre les quatre Sauvages que
l'on avoit pris dans le Village des *Saquis.*
Je saisis cette occasion & cette circonstance pour satisfaire la curiosité dont
je vous parlois il y a un moment. Il y
avoit un de nos François qui sçavoit la
langue Iroquoise, je le priai de dire aux
Sauvages que j'étois surpris de les voir
faire souffrir avec tant de plaisir un pareil supplice à ce malheureux Viellard,
que le droit de la guerre ne s'étendoit
pas jusques-là, & qu'il me sembloit
qu'une telle barbarie démentoit les
principes dans lesquels ils m'avoient
parus être à l'égard de tous les Hommes. Un *Iroquois* prit la parole, & dit
pour justifier ses Camarades; que quand
ils tomboient entre les mains des *Renards*
& des *Saquis,* ils en recevoient des trai-
tements encore plus cruels, & que c'é-
toit

toit la coutume parmi eux de traiter leurs Ennemis comme ils en feroient traités s'ils étoient vaincus.

J'aurois fort fouhaité fçavoir la langue du Sauvage qui avoit parlé pour lui montrer moi - même ce qu'il y avoit de défectueux & de condamnable dans fa réponfe, mais il fallut me contenter de lui faire repréfenter que la Nature, & particulièrement la Religion exigeoient que nous fuffions humains les uns en vers les autres ; que la modération devoit nous conduire en tout ; que le pardon & l'oubli des maux que l'on nous fait eft une vertu dont la pratique nous eft expreffément ordonnée par le ciel ; que je concevois bien qu'ils ne devoient point épargner les *Renards* & les *Saquis*, mais qu'ils ne falloit leur ôter la vie que comme à des Rebelles, & à des Ennemis de l'Etat, & non pas comme à leurs Ennemis particuliers ; que leur vengeance étoit criminelle ; que defcendre à des excès femblables à ceux dans lesquels ils étoient tombés envers les cinq hommes dont ils avoient inhumainement prolongé la vie pour les faire mourir dans

les

les tourmens les plus cruels, c'étoit en quelque forte juftifier la barbarie qu'ils leur reprochoient; que le droit de la guerre permettoit fimpliment d'ôter la vie à fon Ennemi, & non pas de s'enyvrer, pour ainfi dire, de fon fang, & de le plonger dans le defespoir en le faifant mourir par une autre voïe que celle des armes, & dans un autre lieu que celui du combat; Enfin que c'étoit à eux à donner aux *Siquis* & aux *Renards* l'exemple de cette modération qui eft le partage de bons cœurs, & qui fait admirer, & aimer le Religion chrétienne, & conféquemment ceux qui la profeffent.

Je ne fçais fi mon Interprête ne rendit pas bien tout ce que je venois de dire, mais le Sauvage ne voulut jamais convenir qu'il étoit parti d'un faux principe. J'allois encore lui faire dire quelques raifons, lorfqu'on donna ordre de paffer jufqu'au dernier Fort des Ennemis. Ce Pofte eft fitué fur le bord d'une petite Riviére qui fe joint à une autre que l'on nomme *Oüifconcin* & qui fe jette à trente lieuës de là dans le *Miffifipi.*

Nous

Nous n'y trouvâmes perſonne, & comme nous n'avions pas ordre d'aller plus loin, nous emploïâmes quelques jours à ruiner entiérement la campagne pour oter à l'Ennemi le moïen d'y ſubſiſter. Ce Païs eſt aſſez beau, la terre y eſt fertile, le gibier commun & de très bon goût, les nuits y ſont fort froides, & les jours extrêmement chauds; Je vous parlerai dans ma ſeconde Lettre de mon retour à *Monréal* & de ce qui m'eſt arrivé juſqu'à mon embarquement pour la France; Je veux auparavant recevoir de vos nouvelles, & ſçavoir ſi vous trouvez celle-cy aſséz détaillée: Votre Réponſe me décidera pour la ſuite de ma Relation, & je n'oubliërai rien pour vous donner des preuves de la tendre amitié avec laquelle je ſuis

MON CHER FRERE

Votre très affectionné Frére

EMMANUEL CRESPEL,

Récolet.

De Paderborn le 10. Janvrier 1742.

VOYAGES

ET
NAUFRAGE
DU R. P. CRESPEL.

Lettre seconde.

MON TRES CHER FRERE.

RIen ne pouvoit flatter davantage mon amour propre que votre Réponse. Ma prémiére Lettre, dites-vous, a satisfait plusieurs Personnes d'esprit aux quelles vous l'avez communiquée, & excité leur curiosité à tel point, quelles sont dans une impatience extrême de voir la suite de mes Voïages. Ce désir dont je sens tout l'avantage pourroit me nuire, si je tardois à le contenter. Les choses trop long-tems attenduës perdent de

leur

leur prix , & perſonne ne doit plus que moi craindre de tomber dans cet inconvenient.

Après l'expédition dont je vous ai parlé, ſi toutes - fois on peut appeller de ce nom une démarche abſolument inutile , nous reprimes la route de *Monréal* dont nous étions éloignés d'en-environ quatre cens cinquante lieuës. En paſſant nous brûlâmes *le Fort de la Baye* , parce qu'étant trop voiſin des Ennemis , il n'auroit pas été une re-traite ſûre aux François que l'on y au-roit laiſſés pour le garder. Les *Renards* animés par les ravages que nous avions faits ſur leurs terres , & perſuadés que nous ne viendrions pas une ſecon-de fois dans leur Païs dans l'incertitu-de d'y trouver des habitans, auroient pû obliger nos Trouppes à ſe renfer-mer dans le Fort, les y auroient atta-qué & peut - être vaincû. Lorsque nous fûmes à *Michillima-Kinac*, le Com-mandant donna carte - blanche à tout le monde. Il nous reſtoit encore trois cens lieuës à faire, & le vivre nous auroit infailliblement manqué, ſi nous

B n'an'avions pas fait nos efforts pour arriver promptement. Les vents nous favorisérent dans le passage du *Lac Huron*, mais nous eûmes des pluyës presques continuelles en remontant la *Riviére des François*, en traversant *le Lac Népissing*, & sur *la petite Riviére de Mataoüan* : elles cessérent lorsque nous entrâmes dans *le Fleuve des Outaoüacs*. Je ne puis vous exprimer avec quelle vitesse nous descendîmes cette grande Riviére : l'imagination seule peut en prendre une juste idée. Comme j'étois avec des gens que l'expérience avoit rendus habiles à sauter les Rapides, je ne fus pas des derniers à *Monrèal*; j'y arrivai le vingt-huit Septembre & n'en sortis qu'au Printems pour obéïr à l'ordre qui me fut donné de descendre à *Québec*.

Je ne fus pas plutôt arrivé dans cette Ville, que notre Commissaire me destina pour le poste de *Niagara* qui est un nouvel Etablissement avec une Forteresse située à l'entrée d'une belle Riviére qui porte le même nom, & qui est formée par la fameuse Chûte

de

de *Niagara* au Sud du *Lac Ontario* & à fix lieuës de notre Fort.

Je repris donc la route de *Monréal*, & de là je paſſai à *Frontenac*, ou *Catarakoüy* qui eſt un Fort bâti a l'entrée du Lac *Ontario*. Quoiqu'il ne ſoit éloigné de *Monréal* que de quatre-vingts lieuës, nous fûmes quinze jours à nous y rendre à cauſe des Rapides qu'il faut monter. Nous y attendîmes quelque tems que les vents nous devinſſent favorables, car ou y quitte le Canots pour prendre un Bâtiment que le Roi a fait conſtruire exprès pour le tranſport de *Niagara*. Ce Bâtiment qui eſt d'environ quatre-vingts tonneaux de port eſt fort léger, & fait quelque fois ce trajet qui eſt de ſoixante & dix lieuës en moins de trente-ſix heures. Le Lac eſt fort ſain, ſans écueils & très profond ; j'ay jetté dans le milieu près de cent braſſes de lignes ſans pouvoir en trouver le fond ; ſa largeur peut être d'environ trente lieuës, & ſa longuer de quatre-vingts-dix.

Nous mîmes à la voile le vingt-deux Juillet, & nous arrivâmes à no-

tre

tre poſte le vingt-ſept matin. Je trouvai l'endroit fort agréable, la chaſſe, & la peſche y produiſent beaucoup, les bois y ſont de toute beauté & remplis ſur tout de Noïers, de Chataigniers, de Chênes, d'Ormes, & de Hérables comme il ne s'en trouve point en France.

La Fiévre traverſa bientôt les plaiſirs que nous goûtions à *Niagara*, & nous incommoda juſqu'à l'entrée de l'Automne qui diſſipa le mauvais air. Nous paſſâmes l'Hiver aſſez tranquillement, je pourrois même dire aſſez agréablement, ſi le Vaiſſeau qui devoit nous apporter nos rafraichiſſemens n'eût pas été contraint, après avoir eſſuïé une horrible Tempête ſur le Lac, de relâcher à *Frontenac* & ne nous eût mis par là dans la néceſſité de ne boire que de l'eau.

Comme la ſaiſon étoit avancée, il n'oſa remettre à la voile, & nous ne reçûmes nos proviſions que le prémier jour de May.

Depuis la St. Martin, le manque de vin m'avoit empêché de célébrer

la

la Meſſe ; auſſitôt que le Bâtiment fut arrivé, je fis faire la Pâque à toute la Garniſon, & je partis pour le *Détroit* à la ſollicitation d'un Religieux de mon Ordre qui y étoit Miſſionnaire. Il y a cent lieuës de *Niagara* à ce poſte qui eſt ſitué à ſix lieuës de l'entrée d'une fort belle Riviére, environ quinze lieuës endeça du fond *du Lac Erie.*

Ce Lac qui peut avoir cent lieuës de long & trente de large eſt fort plat, & par conſéquent mauvais quand il vente ; vers le Nord au deſſus de la *grande Pointe d'Ecorres*, il eſt bordé de ſables fort hauts, deſorte que ſi l'on étoit pris de vent dans les endroits où il n'y a point de débarquement, ce qui ne ſe trouve que toutes les trois lieuës, l'expérience a fait voir qu'il faudroit néceſſairement périr.

J'arrivai au *Détroit* le dix-ſeptiéme jour depuis mon départ ; le Religieux que j'allois viſiter me reçut d'une ma-niére qui caraċtériſoit à merveille le plaiſir que nous ſentons ordinairement lorſque nous trouvons un de nos Com-patriotes dans un Païs éloigné ; Ajoû-

 tez

tez à cela que nous étions du même Ordre, & que le même motif nous avoit éloignés de notre Patrie. Je lui étois donc cher par plus d'un endroit, aussi n'oublia-t'-il rien pour me marquer combien il étoit sensible à ma visite. C'étoit un homme un peu plus âgé que moi & très recommendable par les succès qu'avoient eû ses travaux Apostoliques. Sa maison étoit agréable & commode, c'étoit pour ainsi dire son ouvrage & le séjour de la vertu.

Il partageoit le tems qui n'étoit pas rempli par les devoirs de sa charge entre l'étude & les occupations de la campagne; il avoit quelques livres, & le choix qu'il en avoit fait donnoit une idée de la pureté de ses mœurs & de l'étenduë de ses connoissances. La langue du Païs lui étoit assez familière, & la facilité avec la quelle il la parloit le rendoit cher à plusieurs Sauvages qui lui communiquoient leurs réflexions sur toute de sujets, & principalement sur la Religion. L'affabilité attire de la confiance, & personne n'en méritoit plus que ce Religieux.

Il avoit poussé la complaisance envers quelques Habitans du *Détroit*, jusqu'à leur apprendre la langue Françoise. Parmi ceux là j'en ai vû plusieurs dont le sens droit, & le jugement solide & profond auroient fait des hommes admirables, même en France, si leur ésprit avoit été cultivé par l'étude. Pendant tout le tems que je restai chez ce Religieux, je trouvois tous les jours de nouvelles raisons d'envier un sort pareil au sien. En un mot il étoit heureux à la façons dont les hommes doivent l'étre pour ne point rougir de leur bonheur.

Après avoir fait au *Détroit* ce qui m'y avoit attiré, je repris le chemin de *Niagara* où je restai encore deux ans; j'appris pendant ce tems afsèz de la Langue des *Iroquois* & des *Outaoüacs* pour m'entretenir avec eux. Cette étude me procura d'abord le plaisir de lier conversation avec quelques Sauvages lorsque j'allois me promener aux environs de mon Poste; dans la suite

vous

vous verrez qu'elle me fut d'une grande utilité, & qu'elle me fauva la vie.

Lorfque mes trois ans de réfidence à *Niagara* furent expirés, on me fit relever, c'eft la coutume; & je fut paffer l'Hiver au Couvent de *Quebec*.

Ce fut pour moi une grande fatisfaction de paffer là cette faifon rigoureufe; fi l'on n'y a point de fuperflus, du moins n'y manque-t-on pas du néceffaire, & ce qui n'eft pas le plus petit agrément, on y reçoit des nouvelles de fa Patrie, & on y trouve de gens avec qui l'on peut s'en entretenir.

L'Aumônier du Fort *Frontenac* ou *Catarakoüy* tomba malade au commencement du Printems, & notre Commiffaire me deftina pour aller occuper fa place. Je vous ai déja parlé de la fituation de ce pofte; on y vit agréablement, & le gibier fe trouve en abondance dans les Marais dont *Frontenac* eft environné.

Je n'y reftaî que deux ans; on me rappella à *Monréal*, & quelque tems après on m'envoïa à *la Pointe de la Chevelure* dans *le Lac Champelain*. Il ne fera

pas

pas fans doute inutile de vous apprendre pourquoi cette Pointe porte le nom
de *Chevelure* : lorfque dans leurs cour-
fes les Sauvages tuent quelqu'un, ils ont
la coutume de lui enlever la chevelure
qu'ils apportent au bout d'une perche
pour prouver qu'ils ont défait leur Ennemi. Cette cérémonie, ou fi vous voulez cette coutume commença fur cette
Pointe, après une efpèce de combat où
beaucoup de Sauvages fûrent dépoüil-
lés de leur chevelure qui donna le nom
au lieu où fe livra la bataille.

Le Lac Champelain peut avoir cinquan-
te-cinq lieuës de long ; il eft femé de
plufieurs Isles trés agréables, & fon eau
qui eft très bonne le rend extrêmement
poiffoneux. Le fort que nous avons
dans cet endroit porte le nom *de St. Frédéric* ; fa fituation eft avantageufe, car il
eft bâti fur une Pointe affez élevée, &
diftante d'environ quinze lieuës du
fond du Lac vers le Nord ; il fert de clef
à la Colonie de ce côté là, c'eft à dire du
côté des Anglois qui n'en font éloignés
que de vingt ou trente lieuës.

J'y arrivai le dix-fept Nov. 1735.

La saison qui commençoit à être rigou-
reuse multiplia les fatigues de notre
route: c'est une des plus peinibles que
j'aie faite dans le *Canada*, si toute-fois
j'en excepte mon Naufrage ; vous serez le maître d'en juger.

Le jour de mon départ de *Chambly*
Poste éloigné de *St. Frédérich* d'environ
quarante lieuës, nous fûmes obligés de
coucher dehors, & pendans la nuit il
nous tomba près d'un pied de neige.
L'Hiver continua comme il avoit commencé, & quoique nous fuissions logés,
nous ne souffrimes pas moins que si
nous avions été en pleine campagne.
Le bâtiment où l'on nous avoit mis n'e-
toit pas encore achevé, nous n'y étions
que médiocremens à couvert de la
pluye, & les murailles qui avoient douze pieds d'épaisseur, n'étant achevées
que depuis peu de jours, ajoutérent
encore aux incommodités que nous recevions de la neige & de la pluye.
Beaucoup de nos Soldats fûrent atta-
qués du scorbut, & nous fûmes tous
tellement incommodés des yeux que
nous craignions de perdre la vûë sans
rei-

reſſource. Nous n'étions pas mieux nourris que logés; à peine trouve-t-on aux environs de ce poſte quelques perdrix, & pour y manger du chevreüil, il faut aller le chercher jusqu'au *Lac du St. Sacrement* qui en eſt éloigné de ſept ou huit lieuës.

On vint achever notre bâtiment dès que la ſaiſon pût le permettre, mais nous aimâmes mieux camper pendant l'Eté que d'y reſter plus long tems: nous ne fûmes pourtant pas plus à notre aiſe, car la fiévre nous ſurprit tous, & pas un de nous ne put joüir des agrémens de la campagne.

Cet état, je l'avouë, commençoit à m'être à charge, lorſque vers le mois d'Août, je reçus de mon Provincial une Obédience pour retourner en France. Le Religieux que notre Commiſſaire envoïa pour me relever étoit de notre Province, & ſe nommoit Pierre Verquaillé; il arriva le vingt & un de Septembre 1736. à *St. Frédéric*, & j'en partis le même jour à quatre ou cinq heures du ſoir.

Le lendemain, nous eûmes un vent favo-

favorable qui nous pouſſa jousqu'à *la Pointe-au-Fer* éloignée de *Chambly* d'environ huit lieuës.

Le vingt-trois nous penſâmes périr en ſautant *le Rapide de Ste. Théréſe*; ce fut là le dernier danger que je courrus juſqu'à mon arrivée à *Québec* où je comptois m'embarquer inceſſament pour la France.

Voilà, mon cher Frére, le récit abrégé des Courſes que j'ai faites dans une partie de la *Nouvelle-France*. Ceux qui ont voïagé dans ce Païs, peuvent voir que je connois le terrain, c'eſt à quoi je me ſuis plus particulièrement attaché. Les Relations de quantité de Voïageurs vous apprendront mille choſes que je n'aurois fait que répéter après eux; en vous écrivant mes Voïages, mon deſſein a été de ne vous détailler que le Naufrage que j'ai fait en revenant en France; les circonſtances qui l'ont accompagné ſont tout à fait intèreſſantes: préparez votre cœur à l'attendriſſement & à la triſteſſe; tout ce qui me reſte à vous écrire n'excitera votre curioſité qu'en augmentant votre compaſſion;

fion ; ne rougiffez point de vous y livrer entièrement, mon cher Frére, les
bons cœurs font ordinairement fenfibles aux malheurs des autres : Qui ne
s'attendrit point fur les maux de fes
Fréres, porte, pour ainfi dire, un ca-
ractère de réprobation qui le fépare
avec juftice de l'humaine Société.

Je vous écrirai dans quelques femai-
nes ; ne faites point de réponfe à celle-
ci : comme je dois aller à quelques
lieuës de cette Ville, votre Lettre pourroit bien ne m'être pas renduë , & je
ne veux pas rifquer de la perdre.

Ne vous impatientez point a attendre ma troifième, j'en écrirai tous les
jours quelques pages , comptez fur
ma parole & croïez que je ferai toute
ma vie

MON CHER FRERE

Votre très affectionné Frére

EMMANUEL CRESPEL,
Récolet.

De Paderborn le 30. Janvrier
1742.

VOYAGES
ET
NAUFRAGE
DU R. P. CRESPEL.

Lettre troisième.

MON TRES CHER FRERE.

IL n'y a pas quinze jours que je
vous envoïai ma seconde Lettre;
vous devez voir par ma diligen-
ce à vous écrire la troisième, que je
ne veux point vous faire trop attendre la suite de ma Relation.   Si j'étois
maître de tout mon tems, mes Lettres seroient plus longues & plus fré-
quentes; mais il faut préférer son devoir à toute autre chose, & je ne puis
vous donner que les heures qui ne sont
pas remplies par les devoirs indispensables de mon état.

Je

Je demeurai quelque tems à *Québec* pour attendre une occasion de retourner en France, il s'en présenta deux ne même tems : la prémière étoit celle du Vaisseau du Roi *le Hèros*, & dont je ne profitai point ; l'autre me fut offerte par le Sr. de Fréneuse Canadien, issu de la noble Famille des d'Amours : la liaison qui étoit entre nous me fit accepter son offre avec plaisir, & je ne pus me refuser à la priére qu'il m'avoit faite de lui servir d'Aumônier. C'étoit un très-galant homme qu'une expérience de quarante-six avoit rendu très-habile dans la navigation ; & Messieurs Pacaud Trésoriers de France & Armateurs à *la Rochelle*, n'avoient pas crû pouvoir confier leur Navire appellé *la Renommée* en de meilleurs mains. Ce Bâtiment étoit neuf, bon voilier, commode, chargé de trois cens tonneaux, & armé de quatorze pièces de canons.

Plusieurs Messieurs demandérent pour leur sureté & leur agrément à passer avec nous, de sorte que nous étions cinquante-quatre hommes sur ce Vaisseau. Nous

Nous levâmes l'ancre & mîmes à la voile le trois de Novembre avec plusieurs autres Navires, & moüillâmes tous ensemble au *Trou St.-Pattrice* â trois lieuës de *Québec*.

Le lendemain, nous fîmes la traverse, c'est à dire que nous traversâmes du Sud au Nord *le Fleuve St. Laurent* ; nous arrivâmes le même jour au bout de l'*Isle d'Orleans* distante de *Québec* d'environ neuf lieuës, & nous jettâmes l'ancre au *Cap Maillard.*

Le cinq, nous appareillâmes pour passer le *Gouffre* , mais il nous fut impossible d'en venir à bout ce jour - là, & nous nous vîmes contraints de retourner à l'endroit d'où nous étions partis pour eviter d'être entraînés par le courant qui attire de fort loin à cet endroit.

Nous fûmes plus heureux le lendemain, car nous passâmes ce Gouffre sans danger , avec le Sr. Veillon qui commandoit un Brigantin pour la *Martinique*, & qui comme nous n'avoit pû le passer la veille.

Les

Les Navires avec lesquels nous avions mis à la voile l'avoient passé dès la prémière fois, ainsi nous nous trouvâmes sans compagnie & jettâmes l'ancre à *la Prairie* proche l'*Isle aux Coudres*.

Le sept, nous continuâmes notre route jusqu'à l'*Isle aux Liévres*, & delà jusqu'à *Mathan* où il s'éleva un petit vent de Nord dont notre Capitaine, qui en connoissoit la malignité surtout dans la saison où nous étions, nous avoüa qu'il y avoit tout à craindre. Il jugea donc à propos de relâcher pour trouver un moüillage, c'est à dire un endroit propre à nous servir d'abri contre la Tempête qui nous menaçoit. Peu de tems après, les vents nous obligérent à virer de bord, & le lendemain onze du mois vers huit heures du soir, ils se jettérent au Nord-Nord-Est, au Nord-Est, à l'Est-Nord-Est, à l'Est, enfin jusqu'au Sud-Sud-Est où ils dominérent près de deux jours. Pendant tout ce tems nous louvoiâmes le long de l'*Isle Anticosti*, les Ris pris dans nos huniers; mais dès que les vents eurent sauté au Sud-Sud-

C   Ouest,

Oueſt, nous gouvernâmes ſur le com-
pas au Sud-Eſt-quart d'Eſt, & au Sud-
Eſt juſqu'au quatorze matin. Ce jour-
là nous tâchâmes de faire côte, mais
nous échoüâmes à un quart de lieuë
de terre, ſur la pointe d'une batture
de roches plattes éloignée d'environ
huit lieuës de la pointe méridionale
de l'*Isle Anticoſti.*

Les coups de talon que notre Navire donnoit étoient ſi fréquens, que
nous craignions à chaque minute de
la voir ouvrir ſous nos pieds. Il falloit que le tems fût bien mauvais &
que les Matelots deſeſperaſſent beaucoup de notre ſalut, puisqu'aucun
d'eux ne voulut travailler à ſerrer notre mâture & les voiles, quoique la
fatigue qu'ils cauſoient au Bâtiment
pût avancer notre perte. L'eau entroit avec abondance; la crainte avoit
ôté la préſence d'eſprit à plus de la moitié de nos gens; & le dèſordre général
ſembloit nous annoncer notre mort.

Sans notre Canonier, notre ſituation ſeroit devenuë bien plus affreuſe;
il courrut à la ſoûte au biſcuit, &
quoi-

quoique l'eau y fut déja , il en jette pourtant une partie en Entre-Pont ; il pensa aussi que quelques fusils, un bar l de poudre, & une caisse de gargousses nous deviendroient nécessaires en cas que nous échapassions au danger, c'est pourquoi il fit transporter tout cela dans les hauts ; sa précaution ne fut pas inutile, & sans les effêts qu'elle produisit, je n'aurois pas, mon cher Frére , la consolation de vous écrire. La Mer étoit aussi forte que le vent, ni l'une ni l'autre ne diminuoient, les vagues avoient emporté notre gouvernail ; & nous fûmes obligés de couper notre mât d'artimon pour le jetter à Babord ; nous mîmes ensuite notre Canot à la Mer, en prenant toutes fois la précaution de le passer en avant de peur qu'il ne fût poussé & brisé contre le Navire ; la vuë de la mort, & l'espérance de la retarder donna du courage à tout le monde, & quoique nous fussions sûrs d'être malheureux dans cette Isle inhabitée , du moins pendant plusieurs mois, chacun de nous croïoit gagner

beau-

beaucoup en s'expofant à tout fouffrir pour fe conferver à la vie.

Après avoir mis notre Canot à la Mer, nous fufpendîmes la Chaloupe aux palans, afin d'embarquer plus ai-fément tout ce que nous avions, & gagner bien vîte le large pour nous garantir de la Mer qui nous auroit peut-être pouffé contre le Vaiffeau, fi nous ne nous en étions pas éloignés promptement. Mais c'eft en vain que les hommes s'appuïent fur leur pru-dence; lorfque Dieu veut apéfentir fa main fur eux, toutes leurs précautions font inutiles.

Nous entrâmes dans la Chaloupe au nombre de vingt perfonnes, & dans l'inftant la boucle du palan de de-vant manqua; jugez de notre état: la Chaloupe refta fufpenduë par derriè-re, & de ceux qui étoient dedans plufieurs tombérent dans la Mer, d'au-tres reftérent attachés aux barres, & quelques uns par le moïen des corda-ges qui pendoient le long du Navire remontérent dans le Bord.

Le Capitaine voïant ce defaftre fit couper ou filer le palan de derrière, & la Chaloupe étant revenuë à fa tonture, je me rejettai dedans pour fauver Mr. Lévêque, & Dufrefnois qui étoient prêts d'être noïés. Pendant ce tems la Mer maltraita fi fort notre Chaloupe, que l'eau y entroit de tous côtés. Point de gouvernail, point de force, un vent affreux, une pluye continuelle, une Mer en fureur, & dans fon reflus; que pouvions nous efpérer qu'une fin prochaine? Nous fîmes pourtant nos efforts pour gagner le large; une partie jettoit l'eau, un aviron nous fervoit de gouvernail, tous nous manquoit ou nous étoit contraire, & pour comble de malheur deux vagues qui nous couvrîrent nous donnérent de l'eau jufqu'au genoux; une troifième auroit infailliblement fait fondre notre Chaloupe fous nos pieds; nos forces diminüoient à mefure qu'elles nous devenoient plus néceffaires, nous avancions fort peu, & nous craignions avec raifon que notre Chaloupe ne fût pleine d'eau avant

C 3

que

que nous pûssions toucher terre : La
pluye nous empêchoit de distinguer
les endroits propres à un débarquement, tout ce que nous voïons nous
paroissoit fort escarpé, ou plutôt nous
nous ne voïons que la mort.

Je crus qu'il étoit tems d'exhorter
tout le monde à se mettre par un acte
de contrition en état de paroître devant Dieu ; j'avois jusques là différé de
le faire pour ne point augmenter l'é-
pouvante, ou diminuer le courage ;
mais il n'y avoit plus à reculer, & je
ne voulois pas avoir à me reprocher
de ne m'être pas acquitté de mon devoir. Chacun fit sa prière, & après
le *Confitéor* je donnai l'Absolution générale. C'étoit un spectacle bien tou-
chant que tous ces hommes qui tra-
vailloient à jetter l'eau & à ramer dans
le tems qu'ils prioient le Seigneur d'a-
voir pitié d'eux, & de leur pardonner
les fautes qui pouvoient les rendre indignes de participer à sa gloire ; enfin
ils étoient disposés à la mort & l'atten-
doient sans murmurer. Pour moi je
recommandai mon ame à Dieu, je ré-
citai

citai le *Miserere* à voix haute , tout le monde le répétoit après moi , je ne voïois plus d'espérance , la Chaloupe étoit prète à couler à fond , & je m'étois déja couvert la tête de mon manteau pour ne point voir l'instant de notre perte , lorsqu'un tourbillon de vent nous poussa brusquement à terre.

. Vous pouvez vous imaginer avec quel empressement nous sortîmes de la Chaloupe ; mais nous ne fûmes pas d'abord à labri du danger : plusieurs vagues nous couvrirent à différentes reprises , quelques unes nous abbatîrent , & peu s'en fallut qu'elles ne nous emportassent dans la haute Mer , nous résistâmes pourtant à leur violence, & nous en fûmes quittes pour avaler beaucoup d'eau & de sable.

Dans ce desordre quelqu'un eut la présence désprit de prendre l'amarre ou cordage qui étoit attaché à la Chaloupe afin de la retenir ; nous étions perdus sans cette précaution , comme vous le verrez dans ma quatrième Lettre , & peut-être mème sur la fin de celle-ci.

C 4

No-

Notre prémier soin fut de remercier Dieu de nous avoir délivrés d'un si grand danger , & en effet sans un secours particulier de la Providence, il étoit impossible que nous évitassions la mort. Nous étions sur une petite pointe de sable séparée du gros de l'Isle par une Riviére qui sort d'une Bayë un peu au dessus de l'endroit où nous nous trouvions. Ce fut avec une peine extrême que nous traversâmes cette Riviére; sa profondeur nous exposa à périr une troisième fois. La Mer qui commençoit à se retirer nous permit enfin d'aller prendre ce que nous avions dans la Chaloupe, & de l'apporter dans l'Isle, ce fut pour nous une nouvelle fatigue, mais il n'y avoit pas à différer. Nous étions moüillés jusqu'aux os, tout ce que nous avions l'étoit aussi, comment en cet état pouvoir faire du feu ? nous en vînmes pourtant à bout après un tems considérable , il nous étoit plus nècessaire que tout autre secours, & quoiqu'il y eût déja du tems que nous n'avions pris aucune nourriture , & que la

faim

faim dût nous preſſer; nous ne pensâmes à ſatisfaire ce beſoin qu'après que
nous nous fûmes un peu réchaufés.

Vers trois heures après midi le Canot vint à terre, avec ſix hommes ſeulement; la Mer étoit ſi groſſe, qu'il n'é-
toit pas poſſible que plus de perſonnes
s'y expoſaſſent.   Nous allâmes au devant, & prîmes toutes les précautions
néceſſaires pour le tirer à nous ſans
l'endommager : c'étoit notre unique
reſſource ; ſans ce Canot, nous n'aurions jamais pû aller chercher dans le
Navire les Vivres que le Canonier
avoit ſauvés, ni ramener le dix - ſept
hommes qui étoient encore dans le
Bord.

Perſonne n'oſa pourtant entreprendre d'y aller ce jour là.   Nous paſsâ-
mes la nuit bien triſtement.   Le feu
que nous avions fait n'avoit encore pû
nous ſécher, & nous n'avions rien qui
pût nous ſervir de couverture dans
une ſaiſon ſi rigoureuſe. Le vent nous
paroiſſoit augmenter, & quoique le
Navire fut fort, neuf, & bien lié,
nous croïons avoir lieu de craindre
C 5qu'il

qu'il ne pût tenir jusqu'au lendemain sans se briser & que ceux qui y étoient ne périssent misérablement. Vers minuit les vents diminuérent, la Mer s'adoucit, & dès la pointe du jour, voïant le Navire dans le même état où nous l'avions laissé, plusieurs Matelots y allérent dans le Canot, il y trouvérent tous nos gens en bonne santé, & qui avoient passé la nuit beaucoup plus à leur aise que nous, puisqu'ils avoient eu de quoi boire & manger, & qu'ils étoient à couvert. On mit quelques vivres dans le Canot, nos gens y passérent, & on les amena auprès de nous fort à propos, car la faim commençoit à nous presser cruellement.

Nous prîmes donc ce qui nous étoit nécessaire pour un repas, c'est à dire environ trois onces de viande pour chacun, un peu de boüillon & quelques légumes que nous y avions mis. Il falloit nous ménager, & ne pas nous exposer à manquer si tôt de vivres. On envoïa une seconde fois au Navire pour sauver les outils du Charpentier, du gaudron, ce qui étoit nécessaire pour

pour racommoder la Chaloupe, une hache pour couper du bois, & quelques voiles pour cabanner. Tout cela nous fut d'un grand secours, & principalement les voiles, car il tomba la nuit près de deux pieds de neige.

Le lendemain seize Novembre pendant que les uns allérent à Bord chercher de vivres, les autres travaillérent à tirer la Chaloupe du sable & parvînrent à la mettre à sec par le moïen d'une double calliorne. L'état où nous la trouvâmes nous fit voir combien nous avions été prêts de notre perte, & nous ne pouvions comprendre comment elle avoit pû nous amener à terre ; nous emploïames tous nos soins à la remettre en état. Le vergue d'artimon qui étoit venuë à la côte nous servit à lui faire une quille. Nous fîmes l'étambot avec un morceau de bois que nous coupâmes dans la Forêt, l'on fit les deux bordages du fond avec des planches que l'on alla chercher à Bord, enfin elle fut rétablie aussi bien qu'il nous étoit possible de le faire.

Je

Je remets à une autre fois à vous
écrire la suite de mon Naufrage; je ferois bien aife avant de continuer, d'apprendre de vos nouvelles, elles n'in-
téreffent perfonne plus que moi qui
fuis avec l'amitié la plus vive

MON CHER FRERE

Votre très affectionné Frére

EMMANUEL CRESPEL,
Récolet.

De Paderborn le 13. Fevrier
1742.

VOYAGES

ET

NAUFRAGE

DU R. P. CRESPEL.

Lettre quatrième.

MON TRES CHER FRERE.

JE viens de recevoir votre Réponſe, elle m'a fait un plaiſir infini ; j'ai ſurtout été fort touché du récit que vous me faites de ce qui vous eſt arrivé dans les Campagnes d'Italie & de Hongrie ; pourquoi ne m'avez-vous pas envoïé ce detail plûtôt ? c'eſt un reproche que je puis vous faire, & qui ſans doute ne vous déplaira point puisqu'il ſert à vous prouver combien je ſuis ſenſible à tout ce qui vous re-

gar-

garde. Je suis bien aise que le commencement de mon Naufrage ait fait naître dans votre ame les sentimens que je vous avois dit qu'il devoit y exciter; c'est une preuve que je ne me suis point exagéré les maux que j'ai soufferts & que j'ay vû souffrir aux autres. Cependant, mon cher Frére, ce n'est là qu'une légére ébauche; & ce qu'il me reste à vous écrire passe ce que je vous ai dit jusqu'à présent, & mérite toute votre attention. Pendant le tems que l'on travailla au rétablissement de la Chaloupe, nous ne faisions qu'un repas dans vingt-quatre heures, encore étoit-il plus modique que celui dont je vous ai parlé dans ma précédente; il étoit de la prudence d'en agir de la sorte : nous n'avions dans le Navire que pour deux mois de vivres; c'est la provision ordinaire que l'on fait en partant de *Québec* pour la France; tout notre biscuit étoit perdu, & plus de la moitié de notre fourniture avoit été consumée ou gâtée pendant les onze jours que nous avions été à la Mer. Ainsi avec toute l'œconomie

nomie possible , nous n'avions que pour cinq semaines de vivres. Ce calcul, ou si vous voulez cette réflexion, nous annonçoit notre mort au bout de quarante jours , car enfin il n'y avoit pas d'apparence que nous pussions avant ce tems trouver l'occasion de sortir de cette Isle déserte.

Les Navires qui passent aux environs de cet endroit sont tout à fait hors de portée d'appercevoir les signaux qu'on pourroit leur faire; dailleurs de quelle ressource pouvoient-ils nous être ? nos provisions n'étoient que pour six semaines tout au plus , & ces Navires ne devoient passer que dans six ou sept mois :

Je voïois approcher le desespoir, le courage étoit abbatû & le froid, la neige, les glaces, & la maladie sembloient s'être réunis pour nous faire souffrir davantage. Nous succombions sous le poids de tant de maux. Le Navire devenoit inaccessible par les glaces qui se formoient autour, le Froid nous causoit une insomnie continuelle , nos voiles ne suffisoient pas
à beau-

à beaucoup près pour nous garantir de la neige qui tomba cette année là en si grande abondance, qu'elle couvrit la terre à la hauteur de six pieds, & la fiévre avoit déja surpris plusieurs de nos Camarades.

De pareilles circonstances étoient trop fàcheuses pour ne pas chercher à les disposer autrement ; aussi pensâmes nous à prendre un parti.

Nous sçavions qu'à *Mingan*, qui est un endroit situé à la *grande terre du Nord*, il y avoit des François qui hivernoient pour faire la pêche de *Loup-Marin* dont ils font det huiles ; il étoit presque sûr que nous en obtiendrions du secours, mais la difficulté étoit de s'y rendre dans une telle saison ; toutes les Riviéres étoient déja glacées, la neige couvroit la terre à la hauteur de trois pieds, & augmentoit tous les jours, & la route étoit fort longue, eû égard à la saison & à notre état, car il nous falloit faire quarante lieuës pour gagner la pointe d'en haut, ou du Nord-Ouest de l'Isle, ensuite descendre quelque peu, & traverser enfin douze lieuës de haute Mer. Nous

Nous étions résolus à surmonter tous ces obstacles ; notre situation présente ne nous permettoit pas d'en craindre une plus affreuse, mais une réflexion nous arrêta quelque tems : Il étoit impossible que nous partissions tous pour *Mingan*, & il falloit que la moitié de nos gens restassent dans cet endroit dont nous nous croïons trop heureux de pouvoir nous éloigner, en nous exposant même aux plus cruels dangers.

Il n'y avoit pourtant point d'autre parti à prendre, il falloit ou se résoudre à mourir tous en cet endroit au bout de six semaines, ou se séparer pour quelque tems. Je fis entendre à tout le monde que le moindre retardement nous mettroit dans l'impossibilité de suivre ce projet, que pendant ces irrésolutions le mauvais tems augmentoit, & que le peu de vivres que nous avions se consumoit : j'ajoutai que je concevois bien que chacun devoit avoir de la repugnance à rester où nous étoins, mais en même tems je représentai que cette séparation étoit

abso=

abſolument neceſſaire ; & que j'eſpé-
rois que le Seigneur diſpoſeroit le cœur
des uns à laiſſer partir les autres pour
aller chercher du ſecours ; enfin je finis
par leur dire qu'il falloit faire ſécher
les ornemens de la Chapelle ; que pour
attirer ſur nous les lumières du St. Eſprit j'en célébrerois la Meſſe le vingt-
ſix, & que j'étois ſûr que nos priéres
auroient l'effet que nous en attendions.
Chacun applaudit à ma propoſition ;
je dis la Meſſe du St. Eſprit, & le même jour vingt quatre hommes s'offri-
rent à reſter à condition qu'on leur
laiſſeroit des vivres, & qu'on leur pro-
mettroit ſur l'Evangile de leur envoïer
du ſecours auſſitôt qu'on ſeroit arrivé à
Mingan.

Je communiquai à mes Camarades
que j'étois dans la réſolution de reſter
avec les vingt-quatre hommes qui venoient de s'offrir à démeurer au Lieu
du Naufrage , & que je tacherois de
les aider à attendre patiemment le ſecours qu'on leur promettoit ; mais tout
le monde s'oppoſa vivement à mon deſſein, & l'on dit pour m'en détourner
que

que fçachant la langue du Païs il falloit que j'accompagnaffe ceux qui par-
toient, afin que fi Meffieurs de Fré-
neufe & de Senneville venoient à
mourir ou à tomber malades en chemin, je pûffe fervir d'Interprête en
cas que nous rencontraffions quelques
Sauvages dans cette Isle; ceux qui re-
ftoient, exigérent furtout que je par-
tiffe; ils me connoiffoient incapable de
manque à ma parole, & ils ne dou-
toient pas qu'à mon arrivée à *Mingan*
mon prémier foin ne fût de les fecourir; ce n'eft pas que ceux qui devoient
partir ne fuffent très-difpofés à leur
envoïer une Chalouppe le plus tôt qu'il
leur feroit poffible, mais ils comptoient
apparemment davantage fur la foi d'un
Prêtre que fur celle d'un fimple Particulier. Lorfque la chofe fut réfoluë
j'exhortai à la patience ceux que nous
laiffions au Naufrage; je leur dis que
le moïen d'attirer fur eux les bénédi-
ctions du Ciel, c'étoit de ne point fe
livrer au defefpoir, & de s'abbandon-
ner entièrement aux foins de la Providence; qu'ils devoient s'entretenir

 dans

dans un exercice continuel pour écarter d'eux la maladie, & ne point tomber dans le découragement; qu'il étoit de la prudence qu'il ménageassent ce que nous leur laissions de vivres, quoique j'espérasse leur envoïer du secours avant qu'ils fussent consumés; mais qu'il valloit mieux en avoir de reste, que de risquer d'en manquer. Après leur avoir donné ces conseils, ceux qui devòient être du voïage songérent à faire leur petit équipage; & le vingt-sept, nous nous disposâmes à partir; nous embrassâmes nos Compagnons qui nous souhaitérent un heureux voïage & de notre côté nous leur témoignâmes combien nous desirions pouvoir bientôt les tirer de peine; nous étions bien éloignés de penser que nous les embrassions pour la dernière fois; cet adieu fut des plus tendres, & les larmes qui l'accompagnérent étoient une espéce de pressentiment de ce qui devoit nous arriver.

Treize se mîrent dans le Canot, & vingt-sept dans la Chaloupe; nous partîmes après midi & fîmes ce jourlà
près

près de trois lieuës à la rame, mais nous ne pûmes toucher terre, & nous fûmes obligés de paſſer la nuit ſur l'eau où nous endurâmes un froid qu'on ne peut exprimer.

Le lendemain nous ne fîmes peut-être pas tant de chemin, mais nous couchâmes à terre, & une partie de la nuit; il nous tomba ſur le corps une prodigieuſe quantité de neige.

Le vingt-neuf nous eûmes encore le vent contraire, & nous fûmes con-traints par la neige qui continuoit à tomber en abondance, d'aller à terre de très-bonne heure.

Le trente, le mauvais tems nous obligea d'arrêter à neuf heures du ma-tin, nous deſcendîmes à terre, & fî-mes bon feu pour cuire des poix dont pluſieurs de nos gens ſe trouvérent fort incommodés.

Le prémier Décembre les vents nous empêchérent de remettre à l'eau, & comme nos Matelots ſe plaignoient de leur foibleſſe, & diſoient qu'ils ne pouvoient plus ramer, nous fîmes cuire un peu de viande que nous man-

D 3

geâ-

geâmes après en avoir pris le boüillon : c'étoit la prémiére fois depuis
notre départ que nous nous étions si
bien traités : les autres jours nous ne
mangions chacun qu'un peu de mo-
ruë féche & cruë, ou bien de la colle
que nous faisions avec de la farine &
de l'eau.   Le deux matin, les vents
s'étant jettés au Sud-Est, nous mîmes
à la voile, & fîmes assez de chemin;
vers midi nous nous joignîmes au Canot pour manger tous ensemble : notre joie étoit extrême de voir le beau
tems continüer, & les vents devenir
de plus en plus favorables à notre route; mais cette joye ne dura guéres, &
fit place à la consternation la plus affreuse.   Après nôtre repas nous continuâmes à marcher, le Canot alloit
mieux que nous à la rame, mais à la
voile nous avions l'avantage fur lui;
le vent s'étoit élevé vers le foir, &
avoit tant-foit-peu tourné; nous crûmes devoir tenir le large pour doubler une Pointe que nous apperce-
vions, & nous fîmes figne au Canot de

nous

nous suivre ; mais il se laissa affaler à terre & nous le perdîmes de vuë.

Nous trouvâmes à cette Pointe une Mer affreuse, & quoique le vent ne fût pas des plus forts, nous ne pûmes la doubler qu'avec bien de la peine, & après avoir pris beaucoup d'eau ; cela nous fit trembler pour le Canot qui étoit tout près de la terre où la Mer brise toujours plus qu'au large, il y fut battu si cruellement, qu'il y périt, & nous n'en n'eûmes de nouvelles qu'au Printems, comme vous le verrez par la suite de ma Relation. Quand nous eûmes passé la Pointe, nous cherchâmes à aborder, mais la nuit étoit trop avancée, & nous ne pûmes d'abord en venir à bout : la Mer étoit bordée de Rochers escarpés, & fort hauts pendant près de deux lieuës, & voïant au bout une Ance de sable, nous y donnâmes à pleines voiles, & nous y débarquâmes sans nous moüiller beaucoup. Aussitôt nous allumâmes un grand feu afin de montrer au Canot que nout étions là, mais cette pré-

cau-

caution fut inutile puisqu'il avoit été brisé.

Lorsque nous eûmes mangé un peu de colle, chacun de nous s'enveloppa dans sa couverture & passa la nuit auprès de feu. A dix heures le tems se couvrit, la neige tomba fort abondament jusqu'au lendemain, & comme le feu la faisoit fondre nous nous en trouvâmes si fort incommodés, que nous aimâmes mieux nous exposer au froid, que de reposer dans l'eau.

Vers minuit, les vents devînrent si violents, que notre Chaloupe qui étoit à une fort petite distance de terre aïant chassé sur son ancre, vint en côte où elle manqua d'être brisée. Les deux hommes qui étoient dedans s'éveillérent, & se mirent à crier de toute leur force, nous y courrûmes aussitôt; le Capitaine & moi nous jettâmes à terre ce que nous pûmes sauver de notre équipage, les autres ramassoient ce que nous jettions & le portoient à une distance qu'ils croïoient inaccessible au Flus; mais la Mer devint si furieuse,

que

que dans fon Reflus elle auroit tout
emporté ce que nous venions de fauver, fi nos Camarades n'avoient eû
foin de tranfporter à trois différentes
fois ce qu'ils avoient crû fauver dès la
prémiére. Cela ne fuffifoit pas ; il falloit fonger à tirer notre voiture, &
empêcher qu'elle ne pût être emportée par les flots ; la peine que nous eûmes à la mettre à fec n'eft pas concevable, & nous n'en vînmes à bout que
vers les dix heures du matin ; elle étoit
fort maltraitée & demandoit une ré-
paration confidérable. Nous remî-
mes au lendemaiu, à la racommoder,
nous fimes du feu pour fécher nos hardes, enfuite nous mangeâmes un morceau pour nous rétablir de la fatigue
que nous avions effuïée toute la nuit.
Dès le matin le Charpentier & tous
ceux qui étoient en état de l'aider travaillérent à remettre les chofes en état,
& une partie de nos gens furent à la
découverte du Canot, mais inutilement, & ce fut envain que nous ref-
tâmes plufieurs jours dans cet endroit
pour en apprendre des nouvelles. La

D 5

veil-

veille de nôtre départ, nous tuâmes deux Renards qui nous aidérent à ménager nos provifions; dans une fituation pareille à la nôtre il falloit profiter de tout, auffi la crainte de mourir de faim nous empêcha-t'-elle de laiffer échapper aucune occafion de prolonger notre vie.

Le fept du mois, nous partîmes dès la pointe du jour, avec un petit vent favorable qui nous fit faire affez de chemin; Vers dix heures nous mangeâmes nos deux Renards, cinq heures après le tems fe couvrit, & le vent augmentant avec la Mer, il fallut chercher un Havre, mais il n'y en avoit point. Nous fûmes donc obligés de tenir le large & de mettre nos voiles au vent pour nous foutenir. La nuit avançoit, une pluyë mêlée de grêle qui furvint tout-à-coup eut bientôt fermé le jour, le vent nous pouffoit avec une telle véhémence que l'on avoit peine à gouverner, & nôtre Chaloupe avoit eû trop d'affauts pour être en état de foutenir contre un pareil

reil

reil tems.   Il fallut cependant céder aux conjonctures.

Au fort du danger nous fûmes jettés dans une Baye où le vent nous tourmentoit encore, & où il n'étoit pas possible de trouver un débarquement; notre ancre ne pouvoit tenir dans aucun endroit, le mauvais tems augmentoit à chaque minute, & notre Chaloupe aïant été poussée violemment contre quelques Battures, nous crûmes que nous n'avions pas une heure à vivre.

Nous essaïames pourtant, en jettant à la Mer une partie de ce qui chargeoit la Chaloupe, de retarder l'inftant de notre perte. A peine avions-nous fini cet ouvrage, que nous nous trouvâmes environnés de glaces; cette circonftance redoubloit d'autant plus notre crainte, que ces glaces étoient furieufement agitées, & qu'elles fe brifoient contre nous; je ne puis nous apprendre où elle nous poufférent, mais je n'exagérerai point en vous difant que les divers mouvemens qui nous agitérent pendant cette nuit

font

font audeſſus de toute expreſſion, L'obſcurité augmentoit l'horreur de notre état, chaque coup de vent ſembloit nous annoncer notre mort; j'exhortois tout le monde à ne pas deſeſpérer de la Providence , & en même tems à ſe mettre en état d'aller rendre compte à Dieu d'une vie qu'il ne nous avoit accordée que pour le ſervir , & je leur repréſentai qu'il étoit le Maître de nous l'ôter quand il lui plairoit.

Enfin le jour parut, & nous tachâmes de gagner entre le Roches le fond de la Baye où nous fûmes un peu plus tranquilles; chacun de nous ſe regardoit comme échappé des portes du Trépas & rendit grace à la Main toute puiſſante qui nous avoit conſervés au milieu du danger le plus éminent.

Quelques efforts que nous fiſſions, nous ne pûmes approcher terre: l'eau étoit trop baſſe pour porter la Chaloupe; il fallut jetter l'ancre, & nous fûmes obligés pour aller à terre de nous mettre dans l'eau en pluſieurs endroits juſqu'à la ceinture , & partout
juſ-

jufqu'à la jarretière. Nous avions porté avec nous la chaudière, & de la farine pour faire de la colle. Après avoir pris quelque nourriture, nous fongeâmes à fécher nos habits, afin de partir le lendemain. Dans quelque jours je vous marquerai la fuite de notre defaftre, & je n'attendrai pas votre Réponfe ; Je fuis avec toute l'amitié poffible

MON CHER FRERE

Votre très affectionné Frére

EMMANUEL CRESPEL,

Récolet.

De Paderborn le 23. Fevrier
1742.

VOYAGES

ET

NAUFRAGE

DU R. P. CRESPEL.

Lettre cinquième.

MON TRES CHER FRERE.

IL n'y a pas huit jours que je vous écrivis ma quatrième Lettre, je me souviens que je vous promis sur la fin que je ne tarderois pas à vous envoïer la cinquième, je vous tiens parole & je continuë ma Relation.

Le Froid augmenta si fort pendant la Nuit, que toute la Baye fut glacée, & notre Chaloupe prise de tous côtés, en vain espérames-nous que quelque coup de vent la détacheroit, le Froid devint

devint plus violent de jour en jour, les glaces fe fortifiérent, & nous n'eûmes point d'autre parti à prendre que de mettre à terre le peu de chofes qui n'avoient pas été jettées à la Mer, & d'apporter nos vivres auprès de nous. Nous fîmes des Cabanes que nous couvrîmes de branches de Sapin ; le Capitaine & moi étions affez au fait de la manière de les conftruire, auffi la nôtre fut-elle une des plus commodes : Les Matelots élevérent la leur à côté de nous ; & nous conftruifîmes pour mettre les vivres, un petit endroit où perfonne ne pouvoit entrer qu'en préfence de tous les autres. C'étoit une précaution néceffaire, & pour prévenir les fupçons qui auroient pû naître contre ceux qui en auroient eû la direction, & pour empêcher que quelqu'un ne confumât en peu de jours ce qui devoit nourrir long-tems plufieurs perfonnes.

Voici quels étoient les meubles des Appartemens que nous nous étions conftruits : Le pot de fer dans le quel on faifoit chauffer la gaudron nous fer-

voit

voit de chaudiére; nous n'avions qu'u-
ne seule hache, encore manquions-
nous de pierre propre à l'affiler; &
pour tout préservatif contre le froid,
nous n'avions que nous habits & des
couvertures à demi brûlées. Un de
ces meubles venant à nous manquer,
il falloit nécessairement périr. Sans
le pot il nous étoit impossible de rien
faire cuire pour nous sustenter, sans
la hache nous ne pouvions avoir de
bois pour faire du feu, & sans nos
couvertures toutes mauvaises qu'elles
étoient il n'y avoit pas moïen de résister pendant la nuit au froid excessif
qu'il faisoit.

Cet état est bien affreux, me di-
rez-vous, & l'on n'y peut rien ajoû-
ter; pardonnez-moi mon cher Frére,
car dans quelque tems il vous paroî-
tra incroïable, son horreur doit augmenter à chaque ligne, & j'en ai beaucoup à vous écrire avant que d'arriver au comble de la misére où je me
suis vû réduit.

Toute notre ressource étoit de
pouvoir prolonger nos jours jusqu'à
la

la fin du mois d'Avril, & d'attendre
que les glaces fuffent fonduës afin de
pouvoir avec notre Chaloupe achever
notre Voïage : le hazard feul pouvoit
nous apporter du fecours dans cet endroit, ç'auroit été nous flatter que d'éf-
pérer qu'il nous en vînt aucun. Dans
cette conjoncture il étoit néceffaire
d'éxaminer mûrement ce que nous
avions de vivres , & d'en régler la
diftribution de telle forte , qu'ils puf-
fent durer jufqu'à ce tems. Nous reg-
lâmes donc notre nourriture de la
maniére fuivante : le matin nous fai-
fions boüillir dans de la neige fonduë
deux livres de farine pour avoir de la
colle ou de la boullie à l'eau ; le foir
nous cuifions de la même façon environ le même poids de viande ; nous
étions dix-fept , & par conféquent
chacun de nous avoit environ quatre
onces de nourriture par jour. Il n'étoit
pas queftion de pain ni d'autre chofe.
Une fois la femaine feulement nous
mangions des poix au lieu de viande,
& quoique nous n'en priffions chacun
que plein un cuëilliére à bouche, c'é-

E

toit

toit en vérité le meilleur de nos repas.
Ce n'étoit pas assez d'avoir fixé la
quantité de la nourriture que nous de-
vions prendre; il falloit encore régler
quelles feroient nos occupations. Nous
entreprîmes Léger, Bafile, & moi de
couper quelque tems qu'il fît, tout le
bois néceffaire; quelques uns fe char-
gérent de le porter; & d'autres s'of-
frirent à écarter la neige, ou plutôt à
en diminüer l'épaiffeur fur la route
que nous prendrions pour aller dans
la Forêt.

Vous ferez peut-être furpris de
ce que je me chargeai de couper le
bois, cet exercice ne vous femble pas
fait pour moi, & peut-être croïez-
vous qu'il eft au deffus de mes forces;
vous avez raifon dans un fens; mais
en faifant réflexion que les exercices
violents ouvrent les pores, & donnent paffage à quantité d'humeurs qu'il
feroit dangereux de laiffer croupir
dans le fang, vous comprendrez faci-
lement que c'eft à ces exercices que je
dois ma confervation, j'ai toujours eû
la précaution de me fatiguer extraor-
dinai-

dinairement lorſque je me ſuis ſenti ap-
péſenti, ou attaqué de la fiévré; &
ſurtout lorſque jai crû être ſurpris du
mauvais air.   J'allois donc tous les
jours au Bois, & malgré les efforts
que l'on faiſoit pour écarter la neige,
nous y entrions ſouvent juſqu'à la ceinture. Ce n'étoit point là la ſeule in-
commodité que nous recevions dans
cet exercice : les Bois qui ſe trouvoient
à notre portée étoient fort branchus,
& tellement chargés de neige, qu'aux
prémiers coups de hache; elle abbat-
toit celui qui les avoit donnés, nous
etions tous trois alternativement ab-
batus, & ſouvent nous tombions chacun deux ou trois fois; alors nous
continuïons l'ouvrage, & quand par
des ſecouſſes réïtérés l'arbre ſe trou-
voit déchargé de neige, nous l'abbat-
tions, le mettions en piéces, & reve-
nions tous les trois à la Cabanne avec
chacun notre charge : pour lors nos
Camarades alloient chercher le reſte,
ou plutôt ce qu'il en falloit pour toute la journée; Nous trouvions ce mé-
tier là bien dur, mais il falloit abſolu-

ment le faire, & quoique la fatigue fût extrême, il y avoit tout à craindre si nous négligions de la prendre avec la même affiduité; elle augmentoit de jour en jour, car à force d'abbattre du bois, nous étions obligés d'en aller chercher plus loin, & conféquemment de frayer une route plus longue. Nôtre foibleffe devenoit plus grande à proportion que notre travail étoit plus fort. Des branches de Sapin jettées indifféremment nous fervoient de lit, la vermine nous rongeoit, car nous n'avions pas de quoi changer de linge, la fumée & la neige nous caufoient aux yeux des douleurs incroïables, & pour comble de maux nous ne pouvions aller à la felle, & nous avions un flûs d'urine qui ne nous donnoit pas un moment de relâche. Je laiffe aux Médecins à examiner d'où ces deux incommodités pouvoient provenir; quand nous en aurions fçû la caufe, cette connoiffance ne nous auroit fervi de rien; il eft affez inutile de découvrir le fource d'un mal quand on n'eft pas à portée d'y trouver aucun reméde.   Le

Le vingt-quatre Décembre, nous fimes fécher les ornemens de la Chapelle, nous avions encore un peu de vin, je le fis dégéler, & le jour de Noel, je célébrai la Messe ; lorsqu'elle fut finie, je prononçai un petit discours pour exhorter nos gens à la patience. C'étoit une espéce de paralelle de ce qu'avoit souffert le Sauveur du Monde, avec ce que nous souffrions ; & je finis en leur recommendant d'offrir leurs peines au Seigneur, & en les assurant que cette offrande étoit un titre pour en obtenir la fin & la récompense. On exprime beaucoup mieux les maux que l'ont sent que ceux qu'on voit sentir aux autres. Mon discours eut l'effet que j'en attendois, chacun reprit courage, & se résigna à souffrir jusqu'à ce qu'il plairoit à Dieu de nous appeller à lui, ou de nous tirer du danger.

Le prémier Janvier une pluye considérable qui tomba tout le jour, & dont il nous fut impossible de nous garantir, nous mit dans le cas de nous coucher tout moüillés, & la nuit un

E 3

vent

vent de Nord très violent nous gêla pour ainsi dire dans notre Cabane, brisa toutes les glaces de la Baye, & les emporta avec notre Chaloupe; un nommé Foucault nous apprit cette triste nouvelle par un grand cris, nous cherchâmes inutilement à découvrir l'endroit où la Chaloupe avoit été pouffée, jugez de nôtre consternation; cet accident mettoit le comble à notre infortune, & nous ôtoit toute espérance de la voir finir; j'en sentois toutes les conséquences; je voïois le defespoir s'emparer de tout notre monde; les uns vouloient manger tout d'un coup ce que nous avions de nourriture & aller ensuite mourir au pied d'un arbre; les autres ne vouloient plus travailler, & disoient pour justifier leurs refus qu'il étoit inutile de prolonger leurs peines, puisqu'il n'y avoit plus d'apparence qu'ils pûssent éviter de mourir. Quelle situation, mon cher Frére, le cœur le plus barbare en seroit touché, je verse des larmes en vous la dépeignant, & je vous connois trop sensible aux maux des autres

pour

pour penser que vous lisiez ma Lettre sans en être attendri.

J'eus besoin de rapeller toutes mes forces pour m'opposer aux résolutions de mes Camarades ; les meilleures raisons que je leur alléguois, sembloient les impatienter, & leur faire sentir d'avantage la tristesse de leur état. La douceur avec la quelle j'espérois pouvoir les détourner de leur dessein ne produisant aucun effet, je pris un ton que mon Caractére authorisoit ; je leur dis avec une force dont ils furent surpris, ,,que Dieu étoit sans doute ,, irrité contre nous, qu'il mesuroit ,, les maux qu'il nous envoïoit, aux ,, crimes dont nous nous étions autre- ,, fois rendus coupables ; que ces cri- ,, mes étoient sans doute bien énor- ,, mes, puis-que la punition en étoit ,, des plus rigoureuses, & que le plus ,, grand de tous étoit notre desespoir ,, qui, s'il n'étoit bientôt suivi du re- ,, pentir, deviendroit irrémissible. ,, Que sçavez-vous, mes Fréres, con- ,, tinuai-je, si vous ne touchéz pas à ,, la fin de votre pénitence ? le tems

E 4

,, des

„ des plus grandes souffrances est ce-
„ lui de la plus grande miséricorde:
„ ne vous en rendez pas indignes par
„ vos murmures; le prémier devoir
„ du Chrétien est de se soûmettre a-
„ veuglément aux ordres de son Créa-
„ teur; & vous, cœurs rebelles, vous
„ voulez lui résister, vous voulez
„ perdre en un instant le fruit des
„ maux que Dieu ne vous envoye que
„ pour vous rendre dignes des biens
„ qu'il destine à ses Enfans; vous vou-
„ lez devenir homicides ; & pour
„ vous soustraire à des souffrances
„ passagéres, vous ne craignez pas de
„ vous précipiter dans des tourmens
„ qui n'ont de bornes que l'Eternité.
„ Suivez donc votre criminelle réso-
„ lution, accomplissez votre horrible
„ dessein, j'ai fait mon devoir; c'est à
„ vous à penser que vous étes perdus
„ pour toujours. J'espére cependant,
„ ajoutai-je, que parmi vous, il y
„ aura du moins quelques ames assez
„ attachées à la Loi de leur Dieu,
„ pour avoir égard à ma remontran-
„ ce, & qu'elles se joindront à moi
„ pour

„ pour lui offrir leurs peines , &
„ pour lui demander la force de les
„ foutenir. „

Lorfque j'eus fini , je voulus me retirer, mais tous nos gens m'arrêtérent,
& me priérent de leur pardonner l'excès du defefpoir dans lequel ils étoient
tombés , ils me promîrent en verfant
un torrent de larmes , qu'ils n'irrite-
roient plus le Ciel par leurs murmures ou leur impatience , & qu'ils alloient redoubler leurs efforts pour fe
conferver une vie qu'ils reconnoif-
foient tenir de Dieu feul , & dont ils
n'étoient pas maitres de difpofer. A
l'inftant chacun reprit fon occupation
ordinaire ; je fus dans la Forêt avec
mes deux Camarades , & les autres,
lorfque nous fîmes revenus, allérent
chercher le bois que nous avions coupé. Quand tout le monde fut raffem-
blé je dis qu'aïant encore du vin pour
deux ou trois Meffes , il étoit à propos d'en célébrer une pour demander
au St. Efprit les forces & les lumiéres
dont nous avions befoin. Le Tems s'é-
claircit le cinq de Janvier; je choifis

ce jour-là pour dire la Messe ; j'avois à
peine fini, que Mr. Vaillant, & le Maître - Valet homme fort & vigoureux
nommé Foucault, nous communiqué-
rent la résolution qu'ils avoient prise
d'aller à la découverte de la Chalouppe.   Je loüai beaucoup leur zèle de
s'exposer ainsi pour le salut de leurs
Compagnons. Dans quelque situation
que l'on soit on aime toujours à s'entendre loüer ; l'amour propre ne nous
quitte qu'avéc la vie.   Il n'y avoit pas
encore deux heures que ces hommes
étoient partis, lorsqu'on les vît revenir avec un air de satisfaction qui fit
croire qu'ils avoient quelque bonne
nouvelle à nous apprendre ; cette conjecture ne fut pas fausse, car Mr. Vaillant dit qu'après avoir marché pendant
une heure avec Foucault, ils avoient
apperçu au bord du Bois une petite
Cabane, & deux Canots d'écorce, qu'y
étant entrés, ils y avoient trouvé de la
graisse de Loup-Marin, & une hache
qu'ils apportoient, & que l'impatience d'annoncer cette nouvelle à leurs
Camarades les avoir empêché d'aller
plus

plus loin.   J'étois dans le Bois lorsqu'ils revînrent, le Sr. de Senneville accourrut pour m'annoncer la découverte que Mr. Vaillant & Foucault venoient de faire; je me dépêchai de retourner à la Cabanne, & je priai nos deux hommes de me détailler ce qu'ils avoient vû: ils me répétérent tout ce qu'ils avoient dit aux autres; chaque mot répendoit l'espérance & la joye dans mon cœur.   Je saisis cette occasion pour exalter les soins de la Providence sur ceux qui s'y abbandonnent entièrement, & j'exhortai tout le monde à rendre grace à Dieu de la faveur qu'il venoit de nous faire: Plus on est près du précipice, & plus on a de reconnoissance envers son Libérateur; vous pouvez penser si la nôtre fut vive: peu de jours auparavant nous nous croïons perdus sans ressource, & lorsque nous desespérions de recevoir aucun secours, nous apprenions qu'il y avoit des Sauvages dans l'Isle, & que vers la fin de Mars, ils pourroient nous secourir lorsqu'ils reviendroient à leur Cabane pour reprendre leurs Canots.
Cet-

Cette découverte renouvella le courage de ceux qui l'avoient faite; ils partîrent le lendemain, remplis de cette confiance que donnent les prémiers succès; ils comptoient retrouver notre Chalouppe, leur éfpoir ne fut pas trompé; car après avoir fait un peu plus de chemin que la véille, il l'apperçûrent au Large, & en revenant ils trouvérent & prirent avec eux une malle pleine de hardes que nous avions jettée à l'eau dans cette nuit dont je vous ai parlé.

Le dix, quoique le tems fut très-froid, nous allâmes tous enfemble pour tâcher de mettre notre Chaloupe en fureté, mais étant pleine de glaces, & celles qui l'environnoient la rendant femblable à une petite montagne, il nous fut impoffible de la tirer à bord; cent hommes n'en feroient venus à bout que très-difficillement, encore plufieurs auroient-ils rifqué de périr dans cette entreprife. Cet obftacle ne nous caufa pas beaucoup de chagrin, il y avoit apparence que ceux auxquels appartenoient les deux Canots avoient une

une Chalouppe, ou bien un autre Bâtiment avec lequel ils avoient traverfé, & nous comptions en profiter. Nous reprîmes donc la route de notre Cabanne, à peine eûmes-nous fait cinquante pas que le froid faifit Maître Foucault au point de l'empêcher de marcher ; nous fûmes obligés de le porter, & lorfqu'il fut dans la Cabane il rendit fon ame à Dieu.

Le vingt-trois, notre Maitre-Charpentier fuccomba à la fatigue ; il eut le tems de fe confeffer, & mourut en vrai Chrétien.

Quoique beaucoup de nos gens euffent les jambes enflées, nous n'en perdîmes aucun depuis le vings-trois Janvier jufqu'au feize Février ; l'attente de la fin de Mars nous foutenoit, & nous croïons déja voir arriver ceux de qui nous efpérions notre falut ; mais Dieu ne vouloit pas que tous profitaffent du fecours qu'il nous deftinoit, les deffeins de fa Providence font impénétrables, & quoique les effets nous en foient contraires, nous ne pouvons fans blafphême les accufer d'injuftice ;

ce

ce que nous appellons mal eſt ſouvent
un bien ſelon les vuës de notre Créa-
teur ; & ſoit qu'il nous récompenſe,
ou nous puniſſe, ſoit qu'il nous éprou-
ve par l'infortune ou par la proſperi-
té, nous lui devons toujours des re-
merciemens.

Adieu, mon cher Frére, j'attens de
vos nouvelles ; ma Lettre eſt aſſez longue : je veux vous laiſſer me plaindre
quelque tems ; c'eſt un droit que je
crois pouvoir exiger de votre amitié.
Je ſuis & ſerai toujours

MON CHER FRERE

Votre très affectionné Frére

EMMANUEL CRESPEL,
Récolet.

De Paderborn le 28. Fevrier
1742.

VOYAGES
ET
NAUFRAGE
DU R. P. CRESPEL.

Lettre sixième.

MON TRES CHER FRERE.

JE comptois recevoir de vos nouvelles le quinze ou le dix-huit de
ce mois tout au plus tard ; nous
sommes au vingt-cinq, & je n'entends
point parler de vous : votre façon de
penser pour moi ne me permet pas de
croire que ce retard soit causé par du
refroidissement ou de l'indifférence ;
j'aime mieux croire que vous en avez
été empêché par des affaires indispensables, & pour vous montrer que je
ne

ne vous fais pas un crime de votre silence, je me mets une troisième fois
en avance avec vous.

Je finis la dernière Lettre que je
vous écrivis par vous dire que nous
étions au commencement de Février
soutenus par l'espérance de voir bientôt finir nos peines, mais que Dieu en
avoit résolu autrement ; & c'est, mon
cher Frére ce que je veux vous écrire
aujourd'hui.

Le seize, le Sr. de Freneuse notre
Capitaine mourut après avoir reçu
l'Extrème-Onction. Quelques heures
après, le nommé Jerôme Bosseman se
confessa, & quitta cette vie avec une
résignation admirable.

Vers le soir un jeune homme nommé Girard paya le même tribut à la
Nature : il y avoit plusieurs jours qu'il
se disposoit à paroître devant Dieu ; un
mal de jambes qui lui venoit de s'être
chauffé de trop prés, l'avoit fait penser à mettre ordre à sa conscience ; je
l'aidai dans ce travail : il fit une con-
fession générale, & le repentir qu'il
me

me parut avoir de ſes fautes me fait croire qu'il en a mérité le pardon.

Notre Maître - Cannonier tomba la nuit ſuivante dans une foibleſſe dont il ne revint pas. Enfin un nommé Robert Boſſeman fut attaqué de la maladie qui avoit emporté les autres ; j'eus ſoin de le diſpoſer à faire abjuration ; il étoit Calviniſte , & je vous avouë qu'il ne me fut pas aiſé de le rendre Catholique : heureuſement la bonté de la cauſe que je deffendois me tint lieu des talens néceſſaires pour la deffendre ; les Prétendus-Réformés ſont bien inſtruits, il faut en convenir ; je fus vingt-fois étonné des raiſonnemens de ce Robert ; quel dommage que le fondement du Calviniſme ſoit appuïé ſur un faux principe ! je m'explique, quel dommage que les Calviniſtes ne ſoient pas de la Communion Romaine ! Avec quels ſuccès ne deffendroient-ils pas la bonne Cauſe, puiſqu'ils ſoutiennent ſi vigoureuſement la mauvaiſe.

Enfin le Sr. Robert comprit & voulut éviter le danger qu'il y a à mourir dans une autre Croïance que la nôtre.

F

Le

Le vingt-quatre Fevrier il fit abjuration, répéta fa profeffion de foi, & alla recevoir dans une meilleure vie le prix des maux qu'il avoit fouffert dans celle-ci. A mefure qu'il nous mourroit quelqu'un, nous le mettions dans la neige à côté de la Cabane; il y avoit fans doute de l'imprudence à dépofer nos Morts fi près de nous, mais nous manquions de courage & de force pour les aller porter plus loin : d'ailleurs notre fituation ne nous permettoit pas de penfer à tout, & nous ne croyïons pas devoir craindre le voifinage de ce qui pouvoit nous apporter un air affez corrompu pour avancer notre fin; ou plutôt nous penfions que le froid exceffif qui dominoit empêcheroit la corruption de produire fur nous aucun de ces effets qu'il auroit été naturel d'en craindre dans une autre faifon.

Tant de morts arrivées en fi peu de tems répendîrent l'allarme partout. Quelque malheureux que foit un homme, il n'envifage qu'avec horreur le moment qui doit mettre fin à fes peines, en le privant de la vie. Les uns regret-

regrettoient leurs Femmes & leur Enfans, & pleuroient fur l'état de mifé-
re dans le quel leur mort plongeroit
leur Famille, les autres fe plaignoient
au Ciel de fe voir enlever à la vie dans
un age où l'on commence feulement à
en joüir ; quelques - uns fenfibles au
charmes de l'amitié, attachés à leur
Patrie, & deftinés à des etabliffemens
également agréables & avantageux jet-
toient des cris qu'il étoit impoffible
d'entendre fans verfer des larmes : chaque mot qu'ils prononcoient me per-
çoit le cœur; à peine me reftoit - il la
force de les confoler : je joignis d'a-
bord mes larmes aux leurs; je ne pouvois fans injuftice leur refufer cette
confolation ni condamner leurs plaintes. Il y avoit du danger à prendre ce
parti; & je n'en voiois point de plus
convenable que de laiffer paffer les effets de leurs prémières réflexions. Les
objets de leurs regrets ne les rendoient
point coupables, que pouvois-je condamner dans leur douleur? C'eft vouloir étouffer la Nature que de lui im-
pofer filence dans une occafion où elle

feseroit méprisable si elle étoit insensible.

Les circonstances dans les quelles nous nous trouvions, ne pouvoient être plus facheuses ; se voir mourir, voir mourir ses amis sans etre en état de les secourir, être incertain du sort des treize personnes dont le Canot avoit été brisé, ne pas douter que les vingt-quatre du Vaisseau ne fussent pour le moins aussi malheureux que nous ; être mal nourris, mal vêtus, fatigués, incommodés des jambes, rongés par la vermine, aveuglés continuellement ou par la neige ou par la fumée : voilà notre état, chacun de nous étoit l'image de la mort, nous frémissions en nous regardant ; & ce qui se passoit en moi justifioit les plaintes de mes Camarades.

Plus la douleur est violente, moins elle dure, & l'expression manque plutôt aux maux extrêmes qu'aux médiocres.

Dès que je les vis plongés dans ce silence qui suit ordinairement les pleurs qu'un grand malheur fait répendre, & qui est la marque d'une plus douleur

leur exceffive; jéffaïai de les confoler,
& voici à-peu-près ce que je leur dis:

„ Je ne puis condamner vos plain-
„ tes, mes chers Enfans, & Dieu les
„ écoutera fans doute favorablement:
„ Nous avons plufieurs fois dans no-
„ tre malheur fenti des effets de fes
„ bontés.   Notre Chaloupe ouverte
„ de tous côtés, & toutes fois foute-
„ nuë & confervée pendant la nuit de
„ notre Naufrage ; la réfolution des
„ vingt-quatre hommes qui fe font fa-
„ crifiés pour notre falut; & fur tout
„ la découverte des deux Canots fau-
„ vages , font des événemens qui
„ prouvent manifeftement la prote-
„ ction que Dieu nous accorde. Il ne
„ nous diftribuë fes faveurs que par
„ degrés, il veut avant d'y mettre le
„ comble que nous nous en rendions
„ dignes par notre réfignation à fouf-
„ frir les maux qu'il lui plaira de nous
„ envoïer.   Ne defefpérons pas de
„ fa Providence, elle n'abandonne ja-
„ mais ceux qui fe foumettent entiére-
„ ment à fes volontés. Si Dieu ne nous
„ délivre pas en un inftant, c'eft qu'il

F 3

juge

„ juge à propos de se servir pour cet
„ effet de moïens qui paroissent na-
„ turels ; il a déja commencé en con-
„ duisant le Sieur Vaillant & Maître
„ Foucault vers le lieu où sont les Ca-
„ nots, soïons sûr qu'il voudra bien
„ achever cet ouvrage. Pour moi je
„ ne doute pas qu'il ne destine ces Ca-
„ nots à notre délivrance. Ce secours,
„ mes chers Enfans, ne peut tarder à
„ nous être offert, nous touchons
„ au mois de Mars, c'est le tems au
„ quel les Sauvages viendront pren-
„ dre leurs Canots, le terme n'est pas
„ long, ayons patience, & redoub-
„ lons d'attention pour découvrir l'ar-
„ rivée de ceux dont nous espérons
„ du secours. Ils ont sans doute une
„ Chaloupe ; prions Dieu qu'il les dis-
„ pose à nous y donner place, il tient en
„ ses mains les cœurs de tous les Hom-
„ mes il attendrira pour nous ceux
„ de ces Sauvages, il excitera leur
„ compassion en notre faveur, & no-
„ tre confiance en ses bontés joint au
„ sacrifice que nous lui ferons de nos
„ pei-

„ peines nous méritera ce que nous
„ lui demandons.

Alors je me jettai à genoux, & ré-
citai quelques priéres qui convenoient
à notre situation , & à nos besoins;
tous le monde m'imita , & personne
ne pensa plus à ses maux que pour les
offrir à Dieu. Nous fûmes assez tranquilles jusqu'au cinq de Mars ; nous
voyïons avec joye approcher le moment de notre délivrance, nous comptions y toucher , mais Dieu vouloit
eocore nous affliger, & mettre notre
patience à de nouvelles épreuves.

Le six Mars jour des Cendres vers
deux heures après minuit, une grosse
neige poussée par un vent de Nord
très violent mit le comble à notre
malheur ; elle tomboit en si grande
quantité, qu'elle remplit bien-tôt notre Cabane, & nous obligea de passer
dans celle des Matelots où elle n'entroit pas moins que dans la notre,
mais comme elle étoit plus grande,
nous y étions plus au large ; notre
feu fut éteint, il n'y avoit pas moïen
d'en faire, & pour nous échauffer

F 4   nous

nous n'avions que la reſſource de nous mettre tous enſemble & de nous ſerrer les uns auprès des autres. Nous paſſâmes donc dans la Cabane des Matelots le Mecredi vers huit heures du matin, nous y portâmes nos couvertures, & un petit jambon crû que nous mangeâmes auſſitôt que nous y fûmes entrés ; nous jettâmes enſuite la neige dans un coin de la Cabane, nous étendîmes la grande couverture par terre, nous nous mîmes tous deſſus, & les lambeaux des petites ſervîrent à nous garantir de la neige, beaucoup plus que du froid. Nous reſtâmes dans cet état ſans feu, & ſans boire ni manger autre choſe que de la neige juſqu'au Samedy matin.

Je pris alors la réſolution de ſortir quelque froid qu'il fit pour tâcher d'apporter un peu de bois & de la farine pour faire de la colle. Il y alloit de la vie à ne pas s'expoſer pour chercher du ſecours contre le froid & contre la faim ; j'avois vû mourir pendant les trois jours & les trois nuits que nous avions paſſés dans la Cabane des Mate-
te-

telots quatre ou cinq Hommes dont les jambes & les mains étoient entié- rement gelées , nous étions bien heu- reux de n'avoir pas été furpris de la mê- me façon, car le froid fut fi vif le Me- credy, le Jeudy & le Vendredi, que l'homme le plus dur feroit mort infail- liblement s'il étoit feulement forti de la Cabane pendant dix minutes. Vous en jugerez par ce que je vais vous dire : le tems s'étant un peu radouci le Same- di, je me déterminai à fortir ; Leger, Bafile, & Foucault voulûrent me fui- vre, nous ne mîmes pas plus d'un quart d'heure à aller prendre de la farine , & cependant Bafile & Foucault eurent les pieds & les mains gelées dans cette fortie , & mourûrent peu de jours après.

Il ne nous fut pas poffible d'aller jufqu'au Bois, la neige le rendoit inac- ceffible, & nous aurions rifqué de nous perdre fi nous avions voulu forcer cet obftacle. Nous fûmes donc obligés de faire notre colle à froid, chacun de nous en eut environ trois onces, & penfa païer de fa vie ce petit foula-

F 5

gement

gement, car pendant toute la nuit nous fûmes tourmentés par une si cruelle altération, & dèvorès par une ardeur si violente, que nous nous croïons à tout moment sur le point d'en être consumés.

Le Dimanche dix, Messieurs Fürst, Leger & moi, nous profitâmes du tems qui étoit assez beau, pour aller chercher un peu de bois; nous étions les seuls en état de marcher, mais peu s'en fallut que le froid que nous endurâmes, & la fatigue qu'il nous fallut essuïer en écartant la neige, ne nous réduisissent dans le même état que les autres: heureusement nous tînmes bon contre l'un & l'autre, nous apportâmes du bois, nous fîmes du feu, & avec de la neige & fort peu de farine nous eûmes une colle fort-claire qui nous desaltéra tant-soit-peu.

Tout le bois que nous avions apporté fut consumé vers huit heures du soir, & cette nuit fut si froide que le Sr. Vaillant Pére fut trouvé mort le lendemain. Cet accident fit penser à Mrs. Fürst, Leger, & à moi qu'il é-
toit

toit à propos de retourner dans notre Cabane, elle étoit plus petite & par-conséquent plus chaude que celle des Matelots, il ne tomboit plus de neige, & il n'y avoit point d'apparence qu'il en tombât davantage. Quelque grande que fut notre foibleffe, nous entreprî-mes de jetter dehors de notre prémiè-re demeure les glaces & la neige dont elle étoit remplie, nous y portâmes des nouvelles branches de Sapin pour nous fervir de lit, nous allâmes chercher du bois, & fîmes grand feu au dedans & au dehors de la Cabane pour l'échauffer de tous côtés. Après cet ouvrage qui nous avoit beaucoup fatigué, nous fûmes chercher nos Compagnons, je portai les Sieurs de Senneville & Vail-lant Fils qui avoient les jambes & les mains gelées : Monfieur le Vaffeur, Bafile & Foucault moins incommodés que les autres tâchérent de fe trainer fans fecours ; nous les couchâmes fur les branches que nous avions préparées, & pas un d'eux n'en fortit qu'après fa mort.

Le dix-fept Bafile perdit connoiffan-ce & mourut le dix-neuf.   Fou-

Foucault qui étoit d'une constitution robuste & qui avoit de la jeunesse souffrit une violente agonie; les mouvemens qu'il se donnoit pour se deffendre contre la mort nous faisoient trembler, & je n'ai guéres vû de spectacle plus horrible. Je tachai de m'acquitter de mon devoir dans ces tristes occasions, & j'espére de la Bonté divine que mes soins n'auront pas été inutiles au Salut de tous ces Mourans.

Nos vivres commençoient à tirer à leur fin, nous n'avions plus de farine; il nous restoit à peine dix livres de Poix; nous n'avions pas sept livres de chandelles, ni autant de lard, & le jambon qui nous restoit ne pésoit tout au plus que trois livres. Il étoit tems de penser à chercher d'autres moïens de vivre; nous allâmes donc Leger & moi, car Mr. Fürst notre second Capitaine étoit hors d'état de sortir, chercher à Mer basse des coquillages; le tems étoit assez beau, nous marchâmes près de deux heures dans l'eau jusqu'aux genoux, & nous trouvâmes enfin sur un Banc de sable des espéces d'Huîtres dont la coquilquille eſt unie ; nous en apportâmes le plus qu'il nous fut poſſible, elles étoient bonnes, & toutes les fois que le tems & la Mer le permettoient nous en allions faire proviſion ; mais elles nous coutoïent bien cher, car en arrivant à la Cabane nos pieds & nos mains étoient également enflés & preſque gelés. Je ne me diſſimulois pas le danger qu'il y avoit à reïtérer trop ſouvent cette ſorte de pêche ; j'en ſentois les conſéquences, mais que faire ? il falloit vivre ou plutôt retarder de quelque jours le moment de notre mort.

Nos Malades empiroient tous les jours ; la Cangrêne s'étoit miſe dans leur jambes, & perſonne ne pouvoit les panſer ; je me chargeai de ce ſoin ; il étoit de mon devoir de donner l'exemple de cette Charité qui eſt la baze de notre ſainte Religion ; je fus pourtant combattu quelques momens entre le mérite de remplir mes obligations, & le danger qu'il y avoit à m'en acquitter ; Dieu me fit la grace de tiompher de ma répugnance ; mon devoir l'emporta, & quoique le tems auquel

quel je panſois les playes de mes Camarades fût pour moi le plus cruel de la
journée; jamais je ne rallentis les ſoins
que je leur devois. Je vous détaillerai
dans ma ſeptième Lettre de quelle nature étoient leurs playes & vous jugerez ſi la répugnance que j'avois eûë d'a-
bord à les panſer étoit bien fondée, ou
plutôt vous verrez ſi elle n'étoit pas ex-
cuſable à la prémiere reflexion. Je fus
bien recompenſé de mes peines; la re-
connoiſſance de nos Malades n'eſt pas
concevable; ,, Quoi, me diſoit l'un,
,, vous vous expoſez à la mort pour
,, nous conſerver à la vie; laiſſez-nous
,, à nos douleurs; vos ſoins peuvent
,, bien les adoucir, mais ils ne les diſſi-
,, peront jamais. Retirez - vous, me
,, diſoit l'autre, & ne privez pas ceux
,, qui ne doivent point mourir de la
,, conſolation de vous avoir avec eux;
,, aidez-nous ſeulement à nous mettre
,, en état d'aller rendre compte à Dieu
,, des jours qu'il nous a laiſſés, &
,, fuïez enſuite l'air corrompu que
,, l'on reſpire auprès de nous.

Vous

Vous jugez bien que leurs inftances furent de nouveaux liens qui m'attachérent auprès d'eux, elles augmentoient le plaifir que l'on fent à faire ce que l'on doit, & me donnoient les forces & le courage dont j'avois befoin.

Adieu, mon Frere, je n'ai pas le tems de vous en dire davantage; d'ailleurs je fuis bien aife de recevoir de vos nouvelles avant de finir ma Relation, & d'apprendre l'effet que mes trois dernières Lettres auront produit fur votre cœur, & fur celui des Perfonnes aux quelles vous les aurez fait lire. Je fuis toujours avec la même amitié

MON CHER FRERE

Votre très affectionné Frére

EMMANUEL CRESPEL,

Récolet.

De Paderborn le 28. Mars
1742.

VOYAGES
ET
NAUFRAGE
DU R. P. CRESPEL.

Lettre septième.

MON TRES CHER FRERE.

JE suis bien aise de voir que vos occupations aïent été les seules cau-
ses de votre silence ; je n'en ai
jamais soupçonné d'autres, & je vois
avec plaisir que je ne me suis pas trompé.   Mes trois dernières Lettres vous
ont, dites-vous, autant touché que les
précédentes , & ont augmenté la curiosité de ceux qui les ont vûës; cela
me flatte beaucoup, & m'engage à me
dépécher de vous envoïer le reste de
ma

ma Relation ; j'efpére que vous en aurez la fin, vers le dixhuit du mois de
May à moins que je ne fois obligé de
faire quelque voïage auparavant ; quoiqu'il en foit, vous pouvez compter
que ce fera le plutôt que je pourrai.

Je vis bien que nos Malades ne pouvoient éviter la mort ; ils fe fentoient
eux mêmes ; & quoiqu'ils y paruffent
difpofés, je ne me crus pas difpenfé de
les fervir dans les derniers jours de leur
vie. Je faifois foir & matin la priére
auprès d'eux ; enfuite je les confirmois
dans la foumiffion qu'ils avoient à la
volonté du Ciel. ,, Offrez vos fouf-
,, frances à Jefus-Chrift, leur difois-
,, je, elles vous rendront dignes de
,, recüeillir le fruit du fang qu'il a ver-
,, fé pour le falut du Genre Humain ;
,, cet Homme-Dieu eft le parfait mo-
,, déle de cette patience & de cette
,, réfignation que j'admire en vous ;
,, votre exil eft fur le point de finir,
,, & quelles graces n'avez-vous pas à
,, rendre au Seigneur de vous avoir
,, fourni pour un Naufrage les plus
,, fûrs moïens d'arriver au Port du Sa-
G,, lut !

„ lut ! Vous laiſſez, il eſt vray, des
„ Femmes qui attendent tout de vous,
„ mes chers Amis, vous laiſſez des En-
„ fans dont l'établiſſement devoit être
„ votre ouvrage, mais eſpérez en
„ Dieu, c'eſt un bon Pére, il n'ab-
„ bandonne jamais les Siens, & ſoïez
„ ſûrs qu'en vous appellant à lui, il
„ n'oubliera pas qu'il vous enleve à
„ des Familles qui auront beſoin après
„ votre mort des ſoins de ſa Providen-
„ ce. Il a promis lui-même d'être le
„ ſoutien de l'Orphelin & de la Veu-
„ ve, ſa parole eſt ſtable, ſes promeſ-
„ ſes ne ſont jamais ſans effets, & par
„ vos ſouffrances vous meritez parti-
„ culièrement qu'il jette ſur vos Fem-
„ mes & ſur vos Enfans un regard fa-
„ vorable, & qu'il faſſe pour eux
„ beaucoup plus que vous n'auriez
„ fait vous-mêmes.

Ces pauvres Moribonds ne me ré-
pondoient qu'en m'aſſurant que toute
leur eſpérance étoit en Dieu, & qu'elle étoit ſi ferme qu'ils ſe voïoient prêts
à quitter le monde ſans penſer à ceux
qu'ils

qu'ils y laiſſoient que pour les recommender à ſa divine protection.

Lorſque j'avois fini de leur parler des choſes ſpirituelles, je ſongeois à panſer leurs playes ; je n'avois que de l'urine pour les nettoïer ; je les couvrois enſuite de quelques morceaux de linge que je faiſois ſécher, & quand il me falloit ôter ces linges, j'étois ſûr d'enlever en même tems des lambeaux de chair qui par leur corruption répendoient un air infecté aux environs même de la Cabane.

Au bout de douze jours il ne reſta plus à leurs jambes que les os ; les pieds s'en étoient détachés & leurs mains étoient entièrement décharnées. J'étois obligé de les panſer à pluſieurs repriſes, l'infection qui en ſortoit étoit ſi grande qu'il me falloit prendre l'air à chaque inſtant pour n'en n'être point ſuffoqué. Ne croïez pas, mon cher Frére, que je vous en impoſe, Dieu m'eſt témoin que je n'ajoûte rien à la vérité, & que la choſe eſt encore plus horrible que je ne puis vous la dépeindre. Les expreſſions ſont au‑deſſous

d'une

d'une situation pareille à celle où je me trouvois àlors. Que de choses touchantes n'aurois-je pas à vous dire, si je voulois vous rapporter les discours de ces pauvres malheureux! ja tachois sans cesse de les consoler par l'espérance d'une récompense éternelle, & je joignois souvent mes larmes à celles que je leur voïois répendre.

Le prémier Avril le Sieur Leger prit le chemin de l'endroit où étoient les Canots sauvages, & je fus au Bois vers huit heures du matin: Je me réposois sur un arbre que j'avois abbattu, lorsqu'il me semble entendre un coup de fusil; comme nous avions plusieurs fois oui le même bruit, & qu'il ne nous avoit pas été possible de découvrir ni d'où il partoit, ni ce que c'étoit, je n'y fis pas grande attention. Vers dix heures je revins à la Cabane pour prier Mr. Fûrst de venir m'aider à apporter ce que j'avois coupé de bois; je lui contois en marchant ce que j'avois crû entendre, & je regardois en même tems si je ne verrois pas revenir Mr. Leger. Nous avions à peine

fait

fait deux cens pas, que j'apperçus plusieurs perfonnes ; je courrus à leur rencontre , & Mr. Fürft fe dépêcha d'aller apprendre cette heureufe nouvelle à nos Malades. Lorfque je fus à portée de diftinguer les objets , je vis un Sauvage avec une femme que Mr. Leger nous amenoit. Je parlai à cet homme, il me répondit, & me fit enfuite plufieurs queftions aux quelles je fatisfis comme je le devois. A la vûë de notre Cabane il parut furpris & touché de l'extrémité dans la quelle nous étions réduits ; il nous promit que le lendemain il reviendroit, qu'il iroit à la chaffe, & qu'il nous apporteroit le gibier qu'il auroit tué.

Nous paffâmes la nuit dans cette attente, & nous rendions à chaque inftant grace au Ciel du fecours qu'il venoit de nous envoïer. Le jour parut, & fembloit nous apporter le foulagement qui nous avoit-été promis la veille ; mais notre efpérance fut trompée : la matinée fe paffa, & le Sauvage ne tint point fa parole. Quelques-uns fe flattoient qu'il pourroit venir après

midi ;

midi; pour moi qui soupçonnois la cause de son retardement, je dis qu'il étoit de la prudence d'aller jusqu'a sa Cabane, de lui demander pourquoi il n'étoit pas revenu comme il nous l'avoit promis, & s'il hésitoit dans sa réponse de le forcer à nous découvrir l'endroit où étoit la Chaloupe avec laquelle il avoit traversé. Nous partîmes, mais jugez de notre consternation; à notre arrivée nous ne trouvâmes plus ni le Sauvage ni son Canot, il l'avoit emporté pendant la nuit, & s'étoit retiré dans un endroit qu'il nous fut impossible de découvrir.

Pour vous apprendre la cause d'un pareil procédé, il est nécessaire de vous dire que les Sauvages craignent la mort plus que personne, & par conséquent la maladie: la fuite de celui-ci partoit de cette crainte excessive qui est particuliére à cette Nation, l'étalage de nos morts, l'état affreux de nos Malades, & l'infection de leurs playes avoient tellement effraïé cet homme, que pour éviter d'être surpris du mauvais air, il avoit crû devoir ne point tenir fa parole, & changer de demeure de peur que nous n'allaffions le forcer à revenir dans notre Cabane & à nous donner du fecours.

Quoique ce contre-tems nous affligeât beaucoup, nous y aurions été bien plus fenfibles, s'il n'y avoit pas eû un fecond Canot; mais il falloit prendre des mefures pour empécher que ceux auxquels il appartenoit ne nous échapaffent : Nous avions à craindre que le Sauvage qui nous avoit joüé, n'avertît fon Camarade du danger qu'il y auroit pour lui de venir dans notre Cabane, & ne lui perfuadât d'aller prendre fon Canot pendant la nuit, & de s'éloigner de l'endroit où nous étions.

Cette reflexion nous fit prendre le parti d'emporter le Canot avec nous, afin d'obliger le Sauvage à venir dans notre Cabane, & à nous fecourir quelque répugnance qu'il parût avoir à le faire. Sans cette précaution nous étions perdus ; pas une des deux occafions que nous avions eûes de nous fauver

ne

ne nous auroit fervi, & notre mort étoit certaine.

Quand le Canot fut apporté, nous l'attachâmes à un abre de façon qu'il n'étoit pas poffible de l'enlever fans faire affez de bruit pour nous avertir que quelqu'un cherchoit à la détacher.

Quelques jours fe paffèrent dans l'attente du Sauvage auquel ce Canot appartenoit; nous ne vîmes perfonne, & pendant ce tems nos trois Malades moururent.

Le fept au foir, Mr. le Vaffeur fut furpris d'une foibleffe dont il ne revint point, & les deux autres voïant que le fecours même du Sauvage que nous attendions leur feroit inutile, puifqu'ils étoient hors d'état de marcher, fe mîrent de nouveau en état de paroître devant Dieu.

Le Sr. Vaillant fils mourut le dix, après avoir fouffert pendant un mois entier tout ce qu'il eft poffible d'imaginer; fa patience égala toujours fes douleurs: il étoit agé de feize ans; ce Mr. Vaillant que noús avions perdu le onze Mars étoit fon Pére; fa jeuneffe

ne

ne lui parut jamais un titre pour se plaindre d'être si-tôt enlevé à la vie; en un mot il expira avec cette résignation & ce courage qui caractérisent le parfait Chrétien.

Le Sieur de Senneville, imita les vertus du Mr. Vaillant fils, ou plutôt ils se servîrent de modéles l'un à l'autre; mêmes douleurs, même patience, même résignation; que ne puis-je bien rendre tout ce que ces deux jeunes hommes me dirent quelques jours avant leur mort? ils me faisoient rougir de n'avoir pas autant de courage à les consoler, qu'ils en avoient à souffrir. Avec quel respect, & quelle confiance ne parloient-ils pas de la Religion, & de la miséricorde du Seigneur? dans quels termes ne m'exprimoient-ils pas leur reconnoissance? c'étoit bien les deux plus belles ames, & les deux meilleurs cœurs que j'aïe connus de ma vie.

Le dernier m'avoit plusieurs fois prié de lui couper les jambes, pour empêcher que la Cangréne ne gagnât plus haut; vous jugez bien que ses

prépriéres furent inutiles, je refusai constament de faire ce qu'il souhaitoit, & je lui repréfentai que je n'avois point d'inftrument propre à cette opération, & que quand même je voudrois la rifquer, loin de le foulager, elle ne feroit qu'augmenter fes douleurs, fans pour cela le garantir de la mort. Alors il mit ordre à fes affaires, il écrivit à fes Parens de la manière du monde la plus touchante, & rendit fon efprit à Dieu le treize vers le foir, agé d'environ vingt ans. Il étoit Canadien, & fils du Sieur de Senneville qui fut autrefois Page chez Madame la Dauphine, enfuite Moufquetaire, & aujourd'hui Lieutenant du Roi à *Monréal* où il joüit d'un bien confidérable.

La mort de ces trois victimes de la faim & du froid nous affligea beaucoup quoiqu'en effet leur vie nous fût, pour ainfi dire, à charge; j'avois pour eux une tendreffe de pére, & j'étois païé d'un parfait retour; cependant en réfléchiffant que fi le Sauvage étoit arrivé lorfqu'ils vivoient encore, il auroit fallu les laiffer dans la Cabane feuls

&

& sans secours, ou perdre l'occasion de partir, je crus devoir remercier le Seigneur de m'avoir épargné en appellant à lui tous nos malades une si cruelle alternative. Dailleurs nous n'avions plus de vivres, il ne nous restoit que le petit jambon dont je vous ai parlé, nous craignions d'y toucher, & nous nous contentions de quelques coquillages que Léger & moi allions ramasser de tems en tems sur les bords de la Mer. Notre foiblesse augmentoit de jour en jour & nous avions peine à nous soutenir lorsque je pris la résolution de chercher les Sauvages dont nous attendions l'arrivée, & de nous servir pour cet effet de leur Canot : nous tirâmes pour l'accommoder de la gomme des arbres, & fimes avec notre hache des avirons le moins mal qu'il nous fut possible : je sçavois parfaitement cannotter, c'étoit un grand avantage pour exécuter notre dessein, & même, pour nous exposer, en cas que nous ne pussions trouver les Sauvages, à courir le risque de traverser avec le Canot; c'étoit notre dernière

res-

reſſource : quand il s'agit de conſerver
ſa vie on s'expoſe volontiers à tout. Il
étoit ſûr que dans cette Isle nous
n'avions que peu de jours à vivre ; en
paſſant la mer nous ne riſquions pas
d'avantage, & nous pouvions eſpérer
que cette tentative nous réuſſiroit.

Tout fut prêt le vingt-ſix Avril ;
nous fîmes cuire la moitié du jambon ;
nous en prîmes dabord le boüillon, &
comptions réſerver la viande pour notre route, mais ſur le ſoir la faim nous
preſſa ſi fort, que nous fûmes obligés
de tout manger.

Le lendemain, nous n'eûmes pas
plus de force que la veille, & le vingt-
huit nous nous vîmes ſans reſſource,
& ſans eſpérance d'en trouver aſſez tôt
pour nous empêcher de mourir. Nous
nous diſpoſâmes donc à la mort en ré-
citant les Litanies des Saints, enſuite
nous nous jettâmes à genoux, & levant
mes mains vers le Ciel je prononçai
cette priére.

„ Grand Dieu, ſi c'eſt votre vo-
„ lonté que nous aïons le même ſort
„ que les quatorze perſonnes qui ont
„ péri

„ péri fous nos yeux, ne tardez point
„ à l'accomplir ; ne permettez pas que
„ le defefpoir nous furmonte, appellez
„ nous à vous tandis que nous fommes
„ réfignés à fortir de ce monde fans re-
„ gret : Mais, Seigneur, fi vous n'avez
„ pas encore réfolu notre mort, en-
„ voïez nous du fecours, & donnez-
„ nous la force de fupporter fans mur-
„ mure les afflictions que votre juftice
„ nous prépare encore, afin que nous
„ ne perdions pas en un inftant le fruit
„ de la foumiffion que nous avons euë
„ jufqu'à préfent pour les décrèts de
„ votre Providence.

Je finiffois ma prière lorfque nous entendîmes un coup de fufil au quel nous répondîmes bien vîte ; nous jugeâmes bien que c'étoit le Sauvage au-quel appartenoit le Canot que nous avions ; il vouloit voir fi quelqu'un de nous étoit encore en vie, & s'en étant apperçu par notre coup de fufil, il alluma du feu pour paffer la nuit ; il ne nous croïoit pas en état d'aller le joindre, & n'avoit affûrément pas envie que nous le fiffions, car auffitôt qu'il nous vit,

H

il cacha dans le Bois une partie d'un Ours qu'il avoit tué, & prit la fuite.

Comme nous étions en bottes, nous eûmes bien de la peine à nous rendre à son feu; il nous avoit fallu traverser une Rivière assez grosse & déglacée depuis quelques jours; nous vîmes les traces de sa fuite, nous les suivîmes avec une fatigue incroïable, & qui auroit été inutile si ce Sauvage n'avoit été contraint de rallentir sa marche pour que son fils agé d'environ sept ans pût le suivre. Cette circonstance fit notre salut; vers le soir nous arrivâmes auprès de cet homme qui nous demanda si nos Malades étoient morts; cette question qu'il nous avoit faite avec un air de crainte qu'ils ne vécussent encore, ne nous permit pas de douter que le prémier Sauvage ne l'eût averti de notre situation, & du risque qu'il y avoit de s'approcher de notre demeure. Je ne jugeai pas à propos de répondre d'abord à sa demande, & sans autre compliment je le pressai de nous donner des vivres & pour cet effet de retourner sur ses pas. Il n'osa résister; nous étions deux contre un, bien armés, & encore plus

réso-

réfolus de ne pas le quitter un moment.
Il nous avoüa qu'il avoit un Ours pref-
qu'entier, & qu'il ne refufoit pas de le
partager avec nous. Lorfque nous fûmes à l'endroit où il avoit caché cet
Ours, nous en mangeâmes chacun un
morceau cuit à demi, enfuite nous fîmes
prendre le refte au Sauvage & à fa femme & les conduifîmes à l'endroit où
nous avions laiffé Mr. Fürft. Ce pauvre
homme nous attendoit avec une impatience extrême. Quand nous arrivâmes
il étoit prêt d'expirer ; vous pouvez
imaginer quelle fut fa joyë lorfque nous
lui dîmes que nous avions de vivres &
du fecours ; il mangea dabord un morceau de l'Ours, nous mîmes le pot au
feu & prîmes du boüillon pendant toute la nuit que nous paffâmes fans dormir
de peur que le Sauvage qui n'avoit pas
voulu coucher dans la Cabane ne dé-
campât. Lorfque le jour fut venu je
fis entendre à cet homme qu'il falloit ab-
folument qu'il nous menât à l'endroit
où étoit la Chaloupe fur laquelle il avoit
traverfé ; & pour l'engager à ne pas
nous refufer ce que je lui demandois, je
lui dis que nous le traiterions fort mal,

s'il

s'il tardoit à nous y conduire. La crainte d'être tué le fit bien vîte travailler à
conftruire un traineau fur lequel il mit
fon Canot; il nous fit figne à Leger & à
moi de le traîner, il vouloit fans doute
nous fasiguer & nous obliger par là à
renoncer à un fecours qu'il nous ven-
doit trop cher. Nous aurions bien pû
le forcer à porter lui-même le Canot;
mais cette violence ne me parut pas à fa
place : il convenoit de ménager ce Sauvage, & tout ce que nous pouvions faire c'étoit de prendre avec lui des précautions pour n'en n'être pas les dupes;
je vous dirai dans ma huitième Lettre
qu'elles fûrent ces précautions , & je
crois qu'elle fuffira pour vous apprendre la fin de mon Naufrage, & mon
retour en France.

Je fuis toujours avec un parfait
attachement

MON CHER FRERE

Votre très affectionné Frère
EMMANUEL CRESPEL,
Récolet.

De Paderborn le 24. Avril
1742.

VOYAGES
ET
NAUFRAGE
DU R. P. CRESPEL.

Lettre huitième.

MON TRES CHER FRERE.

JE vous aurois envoïé le mois dernier la fin de ma Relation, si je n'a-
vois été obligé d'aller passer quelques semaines à la Campagne; je n'ai
pû pendant toute cette absence trouver un seul quart d'heure que je fusse
le maître d'emploïer à achever de contenter votre curiosité; je revins seulement hier à Paderborn, j'ai fait ce
matin quelques visites; vous sçavez

H   qu'il

qu'il y en a d'indispensables, & je vous sacrifie le reste de cette journée.

J'exigeai du Sauvage & de sa Femme qu'ils marchassent devant nous, sous prétexte de nous frayer le chemin, mais je ne bornai pas là mes précautions avec eux, je leur dis que l'enfant qu'ils avoient seroit trop fatigué dans cette route, qu'il falloit le mettre dans le Canot, & que nous nous ferions un plaisir de lui procurer ce soulagement.

Les cœurs des Pères sont partout les mêmes ; il n'y en a point qui n'ait obligation du bien que l'on veut faire à ses enfans, & qui ne l'accepte avec plaisir. Le fils de celui-ci fut pour nous un otage de la fidelité de ses Parens ; nous marchâmes plus d'une lieuë dans la neige, dans l'eau, ou dans les glaces, notre fatigue étoit extrême, mais l'espérance du fruit qui devoit nous en revenir nous soutenoit, & nous donnoit du courage : il ne nous fut pourtant pas possible de tirer toujours ce traîneau, nous succombâmes, & le Sauvage touché de notre épui-
se-

fement, prit le Canot fur fes épaules, le porta jufqu'à la Mer, & y fit dabord entrer fa femme & fon fils : il fut alors queftion de fçavoir qui de nous embarqueroit ; le Canot ne pouvoit contenir que quatre perfonnes, & par conféquent il n'y avoit qu'un de nous trois qui pût en profiter. Je m'offris dabord à refter, & je dis à Meffieurs Fürft & Leger de convenir enfemble lequel des deux partiroit ; chacun vouloit avoir la préférance fur l'autre, & craignoit d'échapper cette occafion d'éviter une fin malheureufe ; Pendant qu'ils difputoient, le Sauvage me fit figne d'avancer, & après m'avoir dit qu'il imaginoit bien la caufe de l'efpè-ce de difpute qui s'étoit levée entre mes deux Camarades, il me déclara qu'il ne vouloit recevoir que moi dans fon Canot, & fans me donner le tems de répondre il m'y entraîna avec lui, & gagna le Large.

Mrs. Fûrft & Leger fe crûrent a-lors perdus ; leurs cris exprimoient leur defefpoir : je n'y pus refifter, & je priai le Sauvage de rapprocher terre,

H 2

afin

afin que je pûffe dire un mot de confolation à mes Camarades. Lorfque je
fus à portée d'en pouvoir être enten-
du, je me juftifiai auprès d'eux en leur
rapportant le difcours du Sauvage, je
leur confeillai de fuivre la Mer, &
leur promis foi de Prêtre qu'auffitôt
que je ferois arrivé à la Cabane des
Sauvages j'irois au devant d'eux avec
un Canot. Ils me connoiffoient incapable de me rendre parjure, le affu-
rances que je leur donnai les confolé-
rent, & ils nous vîrent reprendre le
Large fans inquiétude.

Ce jour là nous defcendîmes à terre;
le Sauvage prit fon Canot fur fes épaules, le porta près du Bois & le mit fur
la neige : comme j'étois fatigué d'avoir
été fi long-tems à genoux dans le Canot, je me refpofai fur une pierre au
bord de la Mer, enfuite croïant que
le Sauvage allumoit du feu pour coucher en cet endroit je pris mon fufil,
deux avirons, & deux gros morceaux
de viande que j'avois embarqués pour
épargner à Mrs. Fürft & Léger la peine de les porter, & je montai fur des
bor-

bordages de glaces qui avoient pour le moins six pieds de hauteur; je n'y fus pas plutôt que je vis que mon Sauvage & sa femme avoient mis leurs raquettes qui sont des espèces de patins dont les Habitans du Canada se servent pour aller plus vîte sur la neige; le Mari tenoit son fils sur ses épaules, & tous les deux courroient de toute leur force; les cris que je poussai pour les arrêter, ne firent que redoubler la vitesse de leur course; aussitôt je jettai mes avirons, je descendis les bordages, & avec ma viande & mon fusil je suivis leur piste assez de tems.

En montant sur les glaces je m'étois fait à la jambe droite une playë très considérable qui se renouvelloit dans ma course toutes les fois que j'enfonçois dans la neige, c'est à dire à chaque instant; je ne pouvois plus respirer, & je fus plusieurs fois contraint de reprendre haleine & de me reposer sur le bout de mon fusil; j'étois dans cet posture lorsque j'entendis la voix de Mr. Leger; cette rencontre nous causa à tous deux un plaisir extrême; je lui dis ce qui s'étoit passé,

H 3 &

& lui de son côté m'apprit que Mr. Fürst accablé de fatigue n'avoit pû le suivre, & qu'il étoit resté étendu sur la neige dans un endroit assez éloigné de celui où nous nous trouvîons alors.

Dans toute autre occasion j'aurois volé à son secours, mais il étoit de la dernière importance de joindre notre fuïard; Mr. Léger sentit comme moi combien nous risquions à tarder plus long-tems de marcher sur ses traces.

Dans l'instant nous courrûmes vers l'endroit où je sçavois qu'il s'étoit enfui, mais comme il avoit quité la neige pour prendre le bord de la Mer qui étoit basse & bordée de sable, nous fûmes arrêtés quelque tems ; nous ne laissâmes pourtant pas de continüer notre chemin, & après un quart d'heure de marche nous retrouvâmes la piste du Souvage qui avoit quitté ses raquettes, ne croïant pas sans doute que j'eusse pû le suivre jusques-là. Cette circonstance nous fit croire qu'il n'y avoit pas loin jusqu'à sa Cabane; nous redoublâmes de vitesse, & lorsque nous fûmes auprès du Bois nous entendîmes

mes un coup de fuſil; nous ne jugeâmes pas à propos d'y répondre, de peur que ſi celui qui l'avoit tiré étoit le Sauvage que nous pourſuivions, il ne remît ſes raquettes pour fuir avec une nouvelles vîteſſe dès qu'il nous ſçauroit ſi près de lui.

Nous continuâmes donc à marcher & peu de tems après le prémier coup de fuſil, nous en entendîmes un ſecond; celui-ci nous fit ſoupçonner que le Sauvage avoit envie d'allumer du feu dans cet endroit, & de s'y repoſer avec ſa femme & ſon fils, mais qu'il vouloit auparavant s'aſſurer que perſonne n'étoit à ſa ſuite. Cette conjecture étoit fauſſe comme vous le verrez bientôt.

Dix minutes après le ſecond coup, nous en entendîmes un troiſième dont nous vîmes l'amorce; point de réponſe de notre part : nous avançâmes en ſilence. Sur notre chemin nous trouvâmes une Chaloupe à la quelle on avoit travaillé la veille, & vingt pas plus loin nous vîmes une grande Cabane. Nous y entrâmes avec l'air qui convenoit à notre ſituation; le ton de

H 4

ſup-

suppliant étoit le seul qui nous allât,
nous le prîmes d'abord, mais l'Ancien
qui parloit françois ne voulut jamais
permettre que nous le continuassions:
,, Tous les hommes ne sont-ils pas
,, égaux, nous dit-il, du moins ne
,, doivent-ils pas l'être? Votre mal-
,, heur est un titre qui vous rend re-
,, spectables, & je regarde comme une
,, faveur du Ciel de m'avoir fourni,
,, en vous conduisant ici une occasion
,, de faire du bien à des gens que l'in-
,, fortune persecute encore. J'exige
,, seulement de vous, que vous m'ap-
,, preniez ce qui vous est arrivé de-
,, puis que vous avéz été jettés sur cet-
,, te Isle; je serai bien aise de m'atten-
,, drir avec vous sur vous peines pas-
,, sées : ma sensibilité sera pour vous
,, une consolation de plus. ,,
En même tems il ordonna que l'on
fît cuire notre viande avec des poix
& qu'on n'épargnât rien pour nous
prouver que l'humanité est aussi bien
une vertu des Sauvages Américains
que des Peuples les plus civilisés. Lorsq-
que cet Ancien eût donné ses ordres,

il nous pria de satisfaire sa curiosité; je tachai de n'oublier aucune des circonstances que vous sçavez avoir accompagné notre malheur, & après avoir fini mon récit, je priai ce Vieillard de de me dire pourquoi, les deux Sauvages que nous avions vûs dans le fort de notre infortune, avoient refusé de nous secourir.

,, Les Sauvages, me dit-il, trem-
,, blent au seul nom de maladie; & tous
,, mes raisonnemens n'ont encore pû
,, dissiper cette terreur dont ceux que
,, vous voïez dans cette Cabane sont
,, remplis. Ce n'est pas qu'ils soient
,, insensibles aux maux de leurs Frè-
,, res; ils voudroient pouvoir les sou-
,, lager, mais la crainte de respirer un
,, air corrompu s'oppose aux mouve-
,, mens de leur cœur naturellement
,, porté à la compassion. Ils craignent
,, la mort, non pas comme le commun
,, des hommes, mais à un tel point
,, que pour l'éviter, je ne sçai s'ils ne
,, se rendroient pas coupables des plus
,, grands crimes. Voilà, dit-il en me
,, montrant un Sauvage qui étoit der-
H 5
,, rière

„ riére les autres, celui qui vous a
„ manqué de parole, il vint ici vers le
„ commencement du mois, & nous
„ conta la triste situation où il avoit
„ vû des François qu'il croïoit morts
„ alors, & auxquels il auroit volon-
„ tiers donné du secours si la corrup-
„ tion n'avoit pas été parmi eux. Voi-
„ là l'autre, continua l'Ancien en me
„ montrant celui après lequel j'avois
„ couru; il en est arrivé ici une heu-
„ re avant vous, pour nous avertir
„ qu'il y avoit encore trois François
„ vivans, qu'ils n'étoient plus dans le
„ voisinage de leurs Morts, qu'ils se
„ portoient bien, & qu'il croïoit
„ qu'on pouvoit les secourir sans
„ craindre qu'ils apportassent avec
„ eux le mauvais air; nous avons de-
„ libéré un instant; ensuite nous avons
„ envoïé un Sauvage vers l'endroit où
„ vous étiéz pour vous indiquer par
„ trois coups de fusil le lieu de notre
„ demeure. Au reste vos Malades
„ nous ont seuls empêchés de vous
„ aller secourir, & peut-être y se-
„ rions-nous allés, si l'on ne nous avoit
„ assu-

„ affuré que le fecours que nous pour-
„ rions vous envoïer ne vous fervi-
„ roit de rien, & pourroit nous ap-
„ porter un grand dommage, puif-
„ que votre Cabane étoit environnée
„ & remplie d'un air infecté qu'il fe-
„ roit très dangereux de refpirer.

Un pareil difcours dans la bouche d'un homme qui faifoit partie d'une Nation qu'un faux préjugé nous fait croire incapable de penfer & de raifon-ner, & à la quelle nous ôtons injufte-ment le fentiment & l'expreffion, me furprit beaucoup. Je vous avouë mê-me que pour avoir des Sauvages l'idée que je vous en donne, il ne m'a pas fallu moins que les entendre.

Lorfque ce Vieillard eut fini, je tâ-chai de lui exprimer toute la recon-noiffance dont nous étions pénétrés; je le priai d'accepter mon fufil que fa bonté & les ornemens dont il étoit couvert rendoit préférable à tous ceux qui étoient dans la Cabane : je lui dis enfuite que la fatigue avoit empêché un de nos Camarades de nous fuivre, & que ce feroit mettre la comble à fes

bien-

bienfaits s'il vouloit envoïer audevant de lui deux hommes pour l'aider à se rendre auprès de nous. Mes instances furent inutiles ; les Sauvages craignent de sortir la nuit, & personne ne voulut entreprendre d'aller secourir Monsieur Fürst. On me promit pourtant que le lendemain on iroit de grand matin ; ce refus me fit bien de la peine ; l'Ancien s'en apperçut, & me dit pour me consoler, qu'il seroit assez inutile de vouloir chercher mon ami dans l'obscurité ; qu'il n'avoit point de fusil pour faire entendre où il étoit, & qu'il valloit mieux attendre que le jour fût venu. Monsieur Fürst passa donc la nuit sur la neige où Dieu seul put le garantir de la mort, car dans la Cabane même nous endurâmes un froid inexprimable : jamais les Sauvages ne font de feu quand ils se couchent ; ils n'ont pas même de couvertures, & par conséquent nous passâmes une très mauvaise nuit.

Le lendemain, comme nous nous disposions à aller au devant de Monsieur Fürst, nous le vîmes arriver ; nos traces

ces l'avoient guidé, & pour nous joindre il avoit profité du tems auquel la
neige dourcie par le froid de la nuit,
ne cède pas au poids de ceux qui mar-
chent deſſus; notre prémier ſoint fut
de le réchauffer, nous lui donnâmes
enſuite quelque nourriture, & nous
nous témoignâmes réciproquement le
plaiſir que nous avions de nous voir
réunis.

Nous paſſâmes avec les Sauvages
le vingt-neuf & le trente Avril; ils
ſembloient etre jaloux de ceux qui
nous marquoient le plus d'attention,
& ils tachoient de ſe ſurpaſſer les uns
les autres à cet égard. La viande
d'Ours & de Caribouc ne nous manqua point pendant ces deux jours, &
l'on avoit ſoin de nous donner les endroits les plus délicats; je ne ſçai ſi les
devoirs de l'hoſpitalité ſont mieux remplis par les Européens que par ces
Sauvages, du moins ſuis-je tenté de
croire que ceux-ci les rempliſſent de
beaucoup meilleure grace.

Le prémier de May, ils mîrent la
Chaloupe à l'eau, nous embarquâmes
tous,

tous, & mîmes à la voile. Le vent nous manqua vers midi, environ à six lieuës de la grande terre : ce contre-tems m'affligeoit ; je craignois de ne pouvoir secourir assez tôt ceux de nos Camerades qui étoient restés dans le lieu de notre naufrage ; cette crainte me fit prier l'Ancien de me donner deux hommes avec un Canot d'écorce pour gagner la terre. J'essaïai de l'engager à m'accorder ma demande, en lui promettant d'envoïer du tabac & de l'eau-de-vie à tous ceux qui étoient dans la Chaloupe aussitôt que je serois arrivé chez les François ; quelqu'envie qu'il eût de m'obliger, il tint conseil avant de me rien promettre ; & ce ne fut pas sans peine qu'on eut égard à ma priére. On craignoit qu'un trajet de six lieuës ne fût trop long pour un Canot, & l'on ne vouloit pas nous exposer à périr. Nous partîmes donc, & vers onze heures & demi du soir nous arrivâmes à terre. J'entrai dans la maison des François ; le prémier que j'y apparçus fut Monsieur Volant originaire de *Saint Germain en Laye*,

mon

mon Ami, & Maitre de ce Poste ; je
ne pouvois tomber en de meilleures
mains: je trouvois dans un seul homme
le desir sincère & le pouvoir réel de
me rendre service. Il ne me reconnut
pas d'abord, & en effet je n'etois pas
reconnoissable ; dès que je lui eus dit
mon nom, il me prodigua les marques
de son amitié, & le plaisir que nous
eûmes de nous embrasser fut extréme
dé part & d'autre. Je lui dit d'abord
à quoi je m'etois engagé envers les Sauvages, il remplit ma promesse, & chacun de nos liberateurs eut de l'eau-de-
vie & du tabac.   Ils n'arrivérent la
que sur les dix heures du matin ; jusqu'a ce tems je fis à Monsieur Volant
le récit de tout ce qui m'étoient arrivé,
& j'insistai exprès sur le sort des vingt-
quatre hommes qui etoient au naufrage: mon Ami en fut d'autant plus touché qu'ils étoient encore dans la peine.
Aussitôt il arma une Chaloupe pour
aller les secourir, & pour tacher de découvrir lui-même si quelqu'un des
treize hommes du Canot vivoit encore. Lorsqu'il fut parvenu aux environs

rons du lieu de notre Naufrage, il fit tirer quelques coups de fuſil pour ſe faire entendre à ceux que nous y avions laiſſés ; en même tems il vit quatre hommes qui ſe jettérent à genoux, & qui les mains jointes le ſuppliérent de leur ſauver la vie. Leurs viſages décharnés, pour ainſi dire, le ſon de leur voix qui annonçoit qu'ils étoient ſur le bord du tombeau, & leurs plaintes percérent le cœur de Monſieur Volant. Il avança auprès d'eux, leur fit prendre quelque nourriture, mais avec modération de peur de leur cauſer la mort en les raſſaſiant tout d'un coup. Malgre cette ſage précaution un de ces quatre hommes nommé Tenguy Bréton d'origine, mourrut après avoir bû un verre d'Eau-de-vie.

Mon Ami fit enterrer les vingt & un hommes qui étoient morts depuis que nous les avions quittés, & ramena les trois autres qui avoient réſiſté aux fatigues, à la faim & à la rigueur de la ſaiſon : il s'en falloit pourtant beaucoup qu'ils fuſſent en parfaite ſanté ; l'un d'eux nommé Tourillet con-
tre-

tre-Maître du département de *Breſt* avoit le cerveau troublé, & les deux autres nommés Baudet, & Bonau originaires de l'*Isle de Rhé* étoient enflés par tout le corps.

La bonne nourriture qu'on leur donna, & les ſoins qu'on prit d'eux les rétablîrent ſi non parfaitement, du moins aſſez pour les mettre en état de partir avec nous pour *Québec*.

En revenant, Mr. Volant apperçut vers la côte deux hommes qui paroiſſoient avoir été noïés, & quelques débris d'un Canot: il avança pour s'aſſûrer de ce qu'il appercevoit; & par quelques coups de fuſil, il voulut voir s'il y avoit quelqu'un en cet endroit; perſonne ne parut, on ne répondit point, & tout ce que je puis vous dire, c'eſt que les treize hommes du Canot ſont morts de faim & de froid, puiſque mon Ami vit à quelque diſtance de la Mer une eſpéce de Cabanage qui prouvoit qu'ils étoient deſcendus à terre, & que n'aïant trouvé aucun ſecours, ils y étoient morts miſérablement.

I   Je

Je crois qu'il est assez inutile de vous dire les mouvemens dont nous fûmes agités lorsque nous vîmes arriver les trois hommes échappés au Naufrage ; vous devez bien penser que cette entrevuë fut de plus touchantes, & que larmes n'y furent point épargnées.

Après nous être bien tendrement embrassés, je leur demandai comment ils avoient pû vivre jusqu'à lors, & de quelle façon les autres étoient morts; ils me dirent, que le froid & la faim avoient fait perir une partie de leurs camarades, & que l'autre avoit été peu à peu emportée par les ulcéres, dont le seul spectacle de n'avoir aucun vivres, les avoit tellement effrayé, qu'ils avoient mangé les souliers des morts, après les avoir fait boullir dans de la neige fonduë, & ensuite fait griller sur la braise, & que lors que cette ressource leur eut manquée, ils eurent recours aux culotes de peau des morts, & qu'ils n'en avoient plus qu'une, ou deux paires de reste, lorsque Monsieur Volant les vint sécourir.

Vous

Vous voyez que la situation de ces pauvres gens, n'étoit pas moins deplorable que la nôtre, & qu'ils ont peut être plus souffert que nous; principalement, lorsqu'ils se virent reduit à la necessité de manger les habits des camarades qu'ils avoient perdus.

Nous demeurames près de 6. semaines à Mingan, que nous n'employames qu'à rendre grace à Dieu, de nous avoir conservé au milieu d'un si grand danger, nous ne passames pas un jour sans implorer sa misericorde, pour les ames des 48. hommes, qui avoient peri dépuis nôtre Naufrage.

Monsieur Leger nous quitta, & alla à Laborador à dessein de monter un vaisseau de St. Malo, pour passer en France; mais nous profitames le 8. Juin d'un petit vaisseau pour retourner à *Quebec*.

Le vent nous fut si favorable, que nous dèbarquames le 13. au soir. Tous ceux qui nous virent, s'étonnoient de nous revoir, par ce qu'on nous croyoit en France; chacun voulut savoir

la

la cause de nôtre retour, & ce qu'il nous étoit arrivé depuis nôtre dèpart.

Nous satisfimes là dessus tous ceux, que nous savions être obligés de prendre part à ce qui nous regardoit.

Le lendemain, on mit à l'Hôpital les trois Matelots que Monsieur Volant avoit été chercher au lieu de notre Naufrage; Monsieur Fûrst & moi fîmes chacun de notre côté ce qu'il falloit pour nous rétablir entièrement. Dès qu'on vit que je me portois un peu mieux on me donna la petite Cure de *Soulange* que je desservis pendant un an; alors je reçus une seconde Obédience pour repasser en France; je m'embarquai pour cet effet en qualité d'Aumônier sur le Vaisseau de Roi le *Rubis* commandé par Monsieur de la Joncaire Capitaine de Haut-Bord.

Nous partîmes de *Québec* le vingt & un d'Octobre 1738. & le deux Décembre, nous entrâmes au *Port Loüis* en Brétagne pour faire des vivres qui commençoient à nous manquer; nous y restâmes environ vingt jours, & nous en sortîmes le vingt deux du mois avec

avec le Vaiſſeau *le Jaſon* commandé par Monſieur le Marquis de Chavagnac qui venoit de l'*Isle Roïale*.

Vers minuit, nous moüillâmes pendant près de deux heures ſous *Belle-Isle* pour attendre le vent, nous fîmes enſuite voile pour *Rochefort*, & nous arrivâmes le lendemain dans cette ville où mon devoir m'arrêta juſqu'à l'entier débarquement.

Je partis quelques jours aprés pour *Paris*, d'où l'on m'envoïa à *Doüay* en Flandres; j'y demeurai juſqu'au commencement de 1740. que l'on me nomma Vicaire de notre Couvent d'*Aveſnes* en Haynaut. J'y arrivai le vingt-cinq Janvier, le même jour que j'en étois parti il y avoit ſeize ans; mes Supérieurs en m'envoïant dans cette Maiſon avoient compté qu'une réſidence de quelques années dans mon Pays natal, achéveroit de me rétablir des fatigues que j'avois eſſuiées dans mes Voïages; j'avois conçu la même eſpérance, mais il en arriva tout autrement; mon eſtomac ne pouvoit

 plus

plus supporter la nourriture de ce
Pays; j'avois pour-ainsi-dire contracté
un nouveau tempérament, le repos
m'étoit nuisible, & il falloit m'y ac-
coutumer petit-à-petit.

Cela me fit solliciter auprès de mes
Supèrieurs une Obédience pour retourner à *Paris* dont l'air me convenoit beaucoup mieux que celui de ma
Province, on eut la bonté d'avoir
égard à ma demande, & lorsque je
fus parfaitement rétabli on me nomma Aumônier dans l'Armée de France commandée par Monsieur le Marê-
chal de Maillebois.

Voilà, mon cher Frère, la Relation de mes Voïages, & de mon Naufrage; j'espère que vous en serez plus
content que de celle que je vous avois
envoïée d'abord. Au reste vous devez être sûr que je n'ai rien avancé
qui ne soit conforme à la plus exacte
verité.

Je voudrois bien que les bruits
qui commencent à courir eussent quelque fondement ; j'aurois dans peu le

le

le plaisir de vous embraſſer à Francfort, & de vous prouver que je ſuis
& ſerai toute ma vie avec l'amitié la
plus ſincère.

MON TRES CHER FRERE

Votre très affectionné Frére.

EMMANUEL CRESPEL,
Récolet.

De Paderborn le 18. Juin
1742.

9 782329 787763